劉邦傳奇

歐陽彥之 著

從痞子到開國至尊

目錄
CONTENTS

第三章 劉項集團的對決：能屈能伸才是真英雄

第四章 劉邦的創業：良好的人際關係是成功的基石

目錄
CONTENTS

第七章 劉氏人才管理：英雄不問出處

第八章 跳槽與反跳槽的博弈：贏得下屬的忠誠度

目錄
CONTENTS

第九章 得天下後治天下：劉邦的團隊建設

第十章 後劉邦時代：選好接班人關係到企業的命運

〈前言〉

從草莽登上皇位的劉邦

1

中國的歷史不缺乏皇帝。如果從中國第一位皇帝秦始皇開始算起，到最後一位「末代皇帝」溥儀，大概有四百餘位，要是把秦始皇以前八百餘年的周朝以及春秋戰國時代之王、公、侯統統都加進去，那就更多了。

但是，在這些皇帝當中，能夠稱得上是「平民皇帝」的並不多。這些皇帝大多是從貴族登上皇帝寶座的，例如唐高祖李淵，在隋朝即貴爲唐王，鎮守太原，是一位手握重兵的封疆大吏；而宋太祖趙匡胤也是世代爲官，自己登上皇帝寶座前已經是後周世宗駕前的殿前都檢點，距離皇帝寶座僅一步之遙，所以他來個「陳橋兵變」，黃袍加身，登上皇帝寶座。

翻開一部《二十五史》，掰著手指頭細細數來，從一介平民而成爲九五之尊，能夠稱得上是「平民皇帝」的，大概也只有漢高祖劉邦和明太祖朱元璋了。

劉邦可以說是中國歷史上第一個平民皇帝，是一個道道地地從草莽之中登上皇帝寶座的人。他斬蛇殺吏，操戈擊秦，邁著一雙泥腿子，踏上了皇帝的寶座。他所創下的歷經四百年輝煌的漢家天下，讓平民的革命性在位高九重的皇冠上首次放射異彩。在大風起兮雲飛揚的亂世之下，把王侯將相之種烹上了餐桌。

2

一直以來，人們對西楚霸王項羽被草根出身的劉邦打敗，總是心存遺憾，認為項羽有太多的機會可以滅掉劉邦，改寫歷史。但是，事實卻是市井人物劉邦，最終把項羽逼得烏江自刎，自己穩穩當當地坐上了皇帝的寶座。

項羽是貴族後代，是力能扛鼎的西楚霸王，用現代話說，是出身名門，有標準的貴族血統。劉邦只是市井小人物，平頭百姓一個，是不折不扣的草根。在滅秦和楚漢戰爭中，項羽幾乎是戰必勝、攻必克。那劉邦會幹什麼呢？劉邦的本事，還是司馬遷說的那四個字：好酒及色——喜歡酒色就是他的本事。在整個滅秦和楚漢戰爭中，沒有一座城池是劉邦攻下來的，沒有一個計謀是劉邦策劃的，沒有一場戰爭是劉邦指揮的。劉邦的本事只有一句話概括：為之奈何？問張良，問陳平，問韓信，我該怎麼辦啊？我該怎麼辦？

然而，兩個人大戰較量的結局是：一窮二白的草根劉邦，最終打敗了兵多將廣、不可一世的項羽。無論你用或褒或貶的詞來形容他，總之他在楚漢相爭中，在這場平民和貴族的較量中，他勝利了，並由此開創了大漢王朝四百年的江山！

楚漢爭霸，是劉邦與項羽的對手戲。劉邦成功的關鍵因素到底是什麼？項羽是楚國的貴族、天生的戰神，是中國歷史上傳奇的英雄；劉邦則出身市井，身無所長，被厚黑學大師李宗吾評為「臉皮最厚，心腸最黑」，是歷史上著名的流氓。按理說，劉邦根本就不是項羽的對手，甚至不配做項羽的對手。垓下一戰，項羽烏江自刎，劉邦終於徹底戰勝了項羽，成為楚漢爭霸最後的勝利者。「流氓戰勝了英雄」，究竟是歷史的玩笑還是歷史的必然？

3

如果冷靜地做一下分析，我們就會發現劉邦的勝利是有道理的，而且是必然的。劉邦和項羽兩個人有著完全不同的性格，正是這些性格的差別決定了他們的成敗和命運。

項羽的性格弱點貫穿了他的一生，他似乎並無意加以改變，這對一個有著遠大抱負和理想的英雄來說，是不可思議的。他的成長過程，只是一部英雄的勇猛成長史，卻忽略了對更高層次的追求和塑造，因而他的失敗是必然的。儘管司馬遷憐惜地將其列入本紀記載，他也終不過是一名威猛的勇士而已。再看劉邦，雖出身卑微，卻胸懷大志，機智冷靜，他天生就是領導管理的模範。

據《史記》記載，劉邦在做亭長時，儼然一個無賴、地痞式的人物，在別人的酒館喝酒從來不付帳，沒有人敢去招惹他。但就是這樣一個人，卻能夠網羅天下有志之士輔佐他成爲西漢的開國皇帝，原因就在於他精通管理，具有領導者的才能與風範。在看見秦始皇時，劉邦感歎「大丈夫理當如此」，說明劉邦是一位有著遠大抱負的人。劉邦有激情，也可以說是一種毅力，堅持不懈和永不言敗的個性讓他即使只剩下一兵一卒，也會堅持到底。當劉邦的部下取得戰功的時候，他會毫不吝惜用財物作爲獎賞，說明劉邦善於肯定他人的成功和才能。

劉邦的隊伍裡面，有很多人曾經在項羽手下當差，因爲在項羽的部隊裡面不好混待不下去，跑過來投奔劉邦。劉邦敞開大門，不計前嫌，一視同仁表示歡迎。韓信原來是項羽手下的人，因爲在項羽手下很鬱悶，不能發揮才能，來投奔劉邦。陳平走的路更多更曲折，陳平原來是魏王手下的人，不能發揮才幹一氣之下投奔項王，仍不能實現宏願再投奔漢王。劉邦不但接納了他，而且立即任命他做都尉。

劉邦稱帝後，曾讓群臣總結得天下的原因。高起、王陵以爲：「陛下使人攻城掠地，所降下者，因以與之，與天下同利也。」這裡的「與天下同利」，就是指管理者爲了滿足擁護者的利益與要求而對其給予物質上的獎勵。臣子竭盡全部才智，忠貞不二地爲君王服務，這是任何君主都夢寐以求的，也是現代管理者夢寐以求的。然而要想吸引人才，留住人才，並充分調動他們的積極性獻計獻策，就必須創造一個適合人才發揮才能的環境，尊重其勞動成果，並使其才能得到相應的報酬。

另外，劉邦還能夠知人善用、任人唯賢、任人唯能。他能夠抓住下屬各自的特長，使得下屬各司其職。正是在這些「智多星」的幫助下，劉邦在秦末農民戰爭階段、楚漢戰爭階段以及漢朝建立初期，都能抓住有利時機，發展、壯大、鞏固自身力量並有力地打擊對方。後來的呂氏集團被剪滅、劉氏王朝得以匡正，都有賴於他在臨終時對人事的合理安排。

遠大抱負，激情毅力，善於肯定他人的努力和才能，不計前嫌廣納人才，這些也正是當代領導所具備的基本特質。

本書既能啓迪管理研究者和實踐者的思想，又是各級經理人提升領導力權威的行動指南。它古爲今用，通過生動有趣的故事，精闢而獨到的分析，在還原楚漢戰爭的同時，告訴現代每一位領導者和有志成爲領袖式人物的讀者——領導者自己未必是能者、智者、賢者，卻必須是個強而有力的管理者！

就讓我們跟著劉邦一起，借用他的智慧，呈現領導的多維視角以及具體有效的解決之道。本書將爲你破解困惑、撥雲見日，讓領導真正解放，企業徹底重生！

第一章

從平民到皇帝：企圖決定版圖

從古至今，皇帝不可謂不多，但是自草莽而起，終登上九五之尊的寶座，屈指可數。而漢高祖劉邦可謂是中國歷史上第一位平民皇帝。他以一介平民起家，一步一步，走完了從平民到皇帝之間的路程。

1 正視出身，布衣也可成霸主

有一則寓言說，一個喜歡冒險的男孩爬到父親養雞場附近的山上發現了一個鷹巢。他從巢裡拿了一枚鷹蛋，帶回養雞場，把鷹蛋和雞蛋混在一起，讓一隻母雞來孵。孵出來的小雞群裡有了一隻小鷹，小鷹和小雞一起長大，一起在草叢裡捉蟲，一起在地上刨土，不會飛翔。小鷹過著和雞一樣的生活，牠不知道自己除了是小雞外還會是別的什麼。

很多很多的人，他們就像一枚枚被放在雞窩裡的鷹蛋一樣，失去了飛翔的力量和勇氣。

「我的父親就是這個樣子的，做一個小職員，每天工作，賺一點薪水。我的祖父也是這樣子，這個樣子就是理所當然的生活狀態。」問問自己，是不是每天有這樣的聲音，在心裡一點點吞噬著你殘餘的理想和抱負。如果是，那麼你的狀態就很危險了！

原本是奴隸的傅說（後來成為了殷商王朝的宰相），給殷商王朝帶來了「武丁中興」；拿破崙也曾經只是一個普通的士兵；出生在貧民窟的羅納爾多，今天的身價早已不是普通人所能夠想像的……

鷹，終究是要飛翔的，即使環境沒有給予牠雄壯的翅膀，牠仍然具有內心的力量！

做一隻鷹，還是繼續做一隻平凡的小鳥？未來都掌握在自己的手上，關鍵就取決於你如何認識你自己。

劉邦可以說是中國歷史上第一個平民皇帝，是一個從草莽之中登上皇帝寶座的人。他斬蛇殺吏，操戈擊秦，邁著一雙泥腿子，踏上了皇帝的寶座。他所創下的歷經四百年輝煌的漢家天下，讓平民的革命性在位高九重的皇冠上首次放射異彩。在大風起兮雲飛揚的亂世之下，把王侯將相之種烹上了餐桌。

從劉邦的名字就可以看出明顯的平民色彩。

古時候，凡是有地位的人，那些貴族，都是有名有字的。現在我們說某人的「名字」，好像是一個意思，其實這是一個錯誤的概念。在我國古時候「名」和「字」是有區別的，而且是大有講究的。《顏氏家訓．風操》說：「古者，名以正體，字以表德」，名就是名，字就是字，各有各的用途。古人一誕生就起名，成人後則有字、號，死後還要有謚號。所以《禮記．檀弓上》講：「幼名、冠字，周道也。」

名，是在社會上使用的個人符號。自稱用名，稱人以字。「字」往往是「名」的解釋和補充，是和「名」相表裡的，所以又叫「表字」。除了「名」和「字」外，還有「別號」「謚號」等。比如劉邦的死對頭項羽，他的大名叫作項籍，字羽，有名有字，這才是一個有身分的人的稱謂。

可劉邦的父母親卻什麼都沒有。別說「字」「號」了，就連一個正兒八經的大名都沒有，連一個叫得出口的官名都沒有。劉邦的母親在史書上被叫作劉媼，劉邦的父親被叫作劉太公，其實，換成現代的叫法也就是「劉大媽」「劉老漢」的意思。實際上也就和鄉下人相互稱呼「劉阿婆」「劉老爹」差不多。

而劉邦的名字就更有意思了。他原來叫劉季，「季」也不是一個大名，不是一個正式的名字。大家都知道，中國傳統的兄弟排名是伯、仲、叔、季。「伯」就是老大，「仲」就是老二，「叔」是老三，「季」就是老四。為什麼現在孩子管爸爸的兄長叫「伯伯」，管比自己爸爸小的人叫「叔叔」，就是從這個「伯仲叔季」來的。劉邦原來叫劉季，實際上就是「劉老四」的意思。這個名字就和現在有些孩子叫作「阿貓」「阿狗」也差不了多少。這和項羽的大名是沒法比較的，平民和貴族的差別從這裡也可見一斑。

劉邦大概也知道「劉老四」這個稱呼的確有點兒不大雅觀，實在是有損皇帝的尊嚴，所以，在登上皇帝寶座之後，才改為了劉邦，大概是取「定國安邦」或者「普天之下，莫非王土」的意思吧。而且他還將自己二哥劉仲，也就是那個「劉老二」的名字改為劉喜，大概是自己坐上了皇位，心裡高興，所以讓自己哥哥的名字叫作「喜」吧！

出身和名號都成了劉邦平民身分的一種證明。名字雖然改了，但是終究改變不了自己的平民出身。大概劉邦也就沒有想過要改變。由此可見，劉邦的平民色彩確實比較濃。

而另一個平民皇帝就是明朝的開國皇帝朱元璋了。朱元璋也是出身貧寒，甚至比劉邦還要淒慘一點兒。歷史評書中說過他曾經做過和尚，賣過酸棗。早年的貧苦生活，尤其是做過和尚的經歷，給朱元璋帶來了沉重的心理負擔，使他有點心理變態，所以肆意屠戮和他一起打天下的功臣良將，大興文字獄，凡是有「光」「亮」「賊」等字的人，統統「咔嚓」了。有位大臣林伯瑾所寫奏章內有「垂子孫而作則」一句，很是得意了一陣，不幸被朱元璋認為裡面的「則」是「賊」，這句話說自己是「垂子孫而做賊」，於是林伯瑾糊裡糊塗地就掉了腦袋。還有一位徐一夔大人，所寫奏章內稱讚朱元璋「光天之下，天生聖人，為世作則」。本是拍朱元璋馬屁，卻被朱元璋理解成「光頭之下，天生僧人，為世做賊」，徐一夔拍馬屁拍到了馬蹄上，估計到了閻王殿還覺得自己冤呢。朱元璋這點就多少帶點兒小家子氣了。

同朱元璋比起來，劉邦的平民色彩就顯得可愛多了。劉邦雖也是出身於平民，不過境況應該比朱元璋好一點兒，他「不事家人生產作業」，懶是懶了點兒，然而既然還要「生產作業」，說明他也是一個根正苗紅的「貧下中農」出身，至少在年輕時沒有餓過肚子，沒有做過和尚，倒是很善於結交朋友，爲人仗義，所以，也就比朱元璋可愛多了。

如果以一個人的出身和目前的現狀來評判一個人的未來發展，顯然是一種迂腐的先入爲主的觀念！相信自己，也許正是因爲你的窮，才讓你看清楚人的本性，領悟到用金錢無法衡量的財富；也許正是因爲你的窮，才讓你看透了生活的實質，明白了人生的真諦。所以，不要覺得窮是恥辱，窮就是錯，墮落才是罪過。千萬不要在意別人怎樣看你，最重要的是你要相信自己，看得起你自己。

2 有企圖心，高起點成就自我

在現實生活中，「企圖」和「企圖心」兩個詞語，似乎成了爲人所不齒的貶義詞。其詞義和中國傳統文化所弘揚的無私、奉獻、捨己爲人、不求回報等是相違背的。「企圖心」也經常被人暗指含有狼子野心、圖謀不軌、居心叵測等惡意。

其實，大多數人的這種看法是頗失公允的。「企圖」一詞在《現代漢語詞典》中的釋義是：圖謀，打算。詞中所包含的意義可以延伸到：計畫、追求、希望、努力、目標、付出、回報、爭取等，所謂按勞取酬，付出多少，努力多少，就應該得到多少，回報多少。

從另外一種意義上來說，「企圖心」更是成功的保障。一個沒有企圖心的人，他的精神品質或許是值得尊敬的，是高尚的、偉大的。但要獲得真正意義上的巨大成功，沒有企圖，沒有謀略，會導致盲目。沒有目標，沒有計劃，不講回報，又何來前進和拚搏的動力？

有一次，劉邦到咸陽，剛好碰到秦始皇的車駕出宮巡遊，這下可讓劉邦開了眼了：那一排排五彩飛揚的旌旗，那一對對手持戈矛斧鉞的金甲衛士，實在是威風八面，讓人肅然起敬。秦始皇身穿黃袍，頭戴王冠，端坐在鑲金嵌玉的鑾輦之中，神色凜凜，不怒自威，臣民都跪伏於路兩旁，不敢仰視，那種氣派，那種陣勢，使出身平民、沒有見過大世面的劉邦從心底裡感到震撼，不由得從心裡發出了感慨：

「大丈夫就應該這樣子呀！」

這次親眼見識了皇帝的尊貴和氣派，使劉邦感觸頗深。也許正是這次深刻的心靈感受，激發了劉邦內心對於權力的渴望，一股激情在這個時候慢慢在他心裡萌生，為他以後的成功埋下了一顆種子。

任何持久不衰的激情都是需要理由來支撐的，那麼想要成功的激情的理由無疑就是對事業的野心。拿破崙說不想當將軍的士兵不是好士兵；同樣，不想成為一個富人的創業者是不會獲得大發展的。

野心是成就一個人的前提。一個成功的人是心胸寬廣不計小事的，這是因為他對自己的發展有宏偉的志向和野心，沒時間在意那些小事。

野心是成就一個人的前提。野心夠大，你也就有了容天下的胸襟，於是你更能容人之短，用人之長，在發展自己的過程中廣得人緣；野心夠大，你也就有了不懈奮鬥的動力，於是你可以吃下別人吃不下的苦，吞下別人不能忍受的淚；野心夠大，你也就有了鴻鵠般的志向，於是你可以把握趨向不斷前進，向著掌聲和鮮花不斷努力。人們常說，心有多大，舞臺便有多大，要成功首先就要擁有一顆宏大的野心，你所有的成功都是源於你那顆不安分的心。

三國時期天下紛亂，群雄並起，逐鹿中原。當初曹操、劉備、孫權、袁紹、劉表均有實力競「標」。曹操的「標」是：一統天下，坐領江山；他自稱「胸懷大志，腹有良謀，有包藏宇宙之機，吞吐天地之志」。劉備的「標」是：上報國家，下安黎庶；他三顧茅廬時對諸葛亮說：「漢室傾頹，奸臣竊命，備不量力，欲伸大義於天下。」雖然志向比曹操略差些，但也算得上蓋世英雄。孫權屬「繼承父兄遺產」而得國，但也並非泛泛之輩；他在位期間，國力強盛，士民富庶，足與魏、蜀鼎立，偏安江東。反觀河北袁紹就差多了。袁紹本身出自四世三公，起點高，名聲大，擁數十萬之眾，謀臣無數，戰將如雲，也曾有興漢滅賊之志，但徒有虛名，屬「幹大事而惜身，見小利而忘命」之輩，被稱為「羊質虎皮」「鳳毛雞膽」，為後世所唾笑。劉表則領荊襄之地，地沃利廣，豪傑眾多，但胸無大志，目光短淺，甘為井底之蛙，本有進取中原的絕好機遇，但他卻以「吾坐據九郡足矣，豈可別圖」而自足。

可以看出，眾人之中，曹操的目標最遠大。正如史官贊詩所言：「曹公原有高光志，贏得山河付子孫。」正因爲曹操的野心，才有了後來三國鼎立的局面。

目標遠大，才能充分發掘你的潛能。高爾基說：「目標愈高遠，人的進步就愈大。」不少人有這樣的體會：當確定路程有十公里的時候，走到七八公里處便會因鬆懈而感到很累；但如果要求走二十公里的路程的話，那麼在七八公里處，正是鬥志昂揚之時。所以說，目標遠大，才能充分發掘你的潛能。

3 變廢為寶，平民個性的另類優勢

在現實之中，我們不能不承認自己在某些方面「確不如人」，這是很自然的事。但是，這種現實的差距並不代表我們就是一個沒有能力的「低能兒」，更不應把這種差距變爲給自己低點定位的藉口。

「塞翁失馬，焉知非福。」任何事物都有兩面性，一個人的出身同樣如此。比如，劉邦能夠登上皇帝寶座，其實也正是由於劉邦這種平民心態，這種平民心態使他在待人接物時更具有親和力，許多有才能的人都甘心爲他賣命。

劉邦坐上皇帝寶座後，有一次在宴會上問大臣：「為什麼我能夠得天下，而項羽卻失去了天下呢？」高起、王陵對劉邦說：「陛下慢而侮人，項羽仁而愛人，然而陛下能夠使人攻城掠地，所降下者因以與之，與天下同利也。項羽嫉賢妒能，有功者害之，賢者疑之，戰勝而不予人功，得地而不予人利，此所以失天下也。」

這話什麼意思呢？就是說劉邦雖然待人沒有禮貌，經常侮辱人，甚至是張口就罵，但是他能夠和大家有福共用，能夠公平地賞賜眾人，所以得到了大家的擁護；而項羽則恰好相反，他雖然對人很有禮貌，帶著貴族家庭的良好修養，但是他總是嫉賢妒能，也不願意賞賜眾人，所以失敗也就在情理之中了。這說明什麼呢？說明劉邦「善於用人」，連他自己也說：「夫運籌帷幄中，決勝於千里之外，吾不如子房；鎮國家，撫百姓，給饋餉，不絕糧道，吾不如蕭何；連百萬之軍，戰必勝，攻必取，吾不如韓信。此三者，皆人傑也，吾能用之，此吾所以取天下也。項羽有一范增而不能用，此其所以爲我擒也。」

其實從另一個角度分析起來，張口便罵，抬手便打，就是劉邦因平民出身養成的習慣，能夠團結眾人也是他少年時期愛結交朋友所養成的良好習慣。所以，劉邦很謙虛地說，他覺得自己誰都不如，但他自己也承認自己善於用這些人才。你看，韓信原來是項羽手下的小官，而張良原來是韓王的手下，後來都能夠爲劉邦所用，這說明劉邦在結交豪傑方面很有一套。

劉邦最大的特點是「知人」，而且不是一般的「知人」。他懂得人情人性，能夠深刻地把握人性中的優點爲我所用，也能夠利用人性中的缺點，這樣劉邦就能夠最大限度地團結一切可以團結的人，來爲自己服務，又能夠抓住敵人的弱點，各個擊破。

劉邦與人打交道的本領和他平民的出身分不開。他從小就好交友。後來，又做了十五年的亭長，也就是一個比村長略大的地方小官吏吧，就是這種市井的磨煉，使他對於人性的認識入木三分，和人打起交道來如魚得水。能夠採納最好的計謀，能夠利用最爲卑賤的人爲自己服務，甚至與能看門的小卒和最基層的小兵一見面就成爲好朋友。

劉邦在攻進咸陽城後，曾約法三章：「殺人者死，傷人及盜抵罪。」一下子就抓住了老百姓的心，使老百姓都爭相拿著牛羊酒食到劉邦的軍中犒軍。劉邦這時候又擺出一副善人的面孔：「我們軍中的糧食還多著呢，一點兒也不缺乏，怎麼能夠要你們的糧食呢？」他為什麼能夠這樣做，就是出身底層的劉邦知道老百姓現在最需要的是什麼，怎樣做更能抓住秦朝百姓的心。他此招一出，立即獲得了秦地百姓的擁護，唯恐劉邦不能在秦地為王。

韓信在蒯通的再三勸說之下，為什麼沒有造反，就是因為他忘不了劉邦對自己「解衣衣我，推食食我」的恩德，這就是劉邦善於知曉人心的結果：自己的肚子餓了，要想到別人也要吃飯，就把自己的飯讓給別人；自己冷了，就要想到別人也要穿衣服，就把自己的衣服讓給別人；自己想要當皇帝，就要想到別人也想要光宗耀祖，弄個大官當當，就要慷慨地賞賜，這樣才能夠得到大家的擁戴。

正是由於劉邦出身平民階層，使他有了許多那些貴族所沒有的一種特殊氣質。在他身上，就沒有貴族——例如項羽——身上那種目空一切的傲氣。他善於接納各色人等，倒也成就了他的功名。

劣勢的定義是什麼？是別人有，而你沒有的？不，恰恰相反，劣勢是你獨有的東西，只是在此時此刻，它還不能創造價值，不能成爲對你有用的一部分而已。

這樣說來，在這樣一個講究個性、獨創性、獨有性的年代，有劣勢大可不必皺眉頭，你要做的是換一個角度看待劣勢，想辦法將其化爲優勢！

4 偏離主體優勢，註定一事無成

人們常說，我們要樹立高遠的目標，但是千里之行，始於足下，僅僅有遠大的目標是不夠的。箭發於弓，直中目標，從不偏離軌道尋找別處的靶子。

早在滎陽與項羽相持的時候，由於鴻溝對峙的局面無法打開，楚軍的糧食供給出現了問題，士氣低落，軍隊裡逃跑的人越來越多。項羽坐不住了，便派人對劉邦說：「這些年來天下不太平，都是因為我們兩個人在你爭我奪。為了讓天下的父老不再受刀兵之苦，我們兩個來個單打獨鬥，一決雌雄！」

這個項羽對於自己也太自信了，竟用起了單打獨鬥這一招。劉邦豈能和勇冠三軍的楚霸王單打獨鬥，所以他笑著拒絕了項羽的請求：「我寧可鬥智，不鬥力！」

這個事情也充分顯示了項劉的不同風格：一個崇尚武力；一個善用智力，善用手腕。項羽為了使劉邦出戰，便讓士兵辱罵叫陣，想要激怒劉邦。但劉邦找了一個神射手，將辱罵的士兵都射死了。

可見，劉邦深知自己的優勢和劣勢所在，他知道自己和項羽「單打獨鬥」是絕對不行的，鬥智力的話項羽卻不如他，面對項羽的激將，他沒有頭腦發熱，而是根據自己的優勢和劣勢來迎接挑戰，最終獲得了勝利。

我們在日常生活中也是一樣，要知道自己的優勢和劣勢，才能更快地踏上成功的列車。

有這樣兩位年輕人，他們在同一單位工作，一位是日語翻譯，一位是英語翻譯。兩人都是名牌大學畢業的，能力不相上下，兩人都是精力旺盛，風華正茂，在單位領導的眼裡，他們是未來的外貿部經理候選人。對此，兩人心照不宣，在工作上暗暗較勁，你追我趕，每年的業績完成得均非常理想。由於單位原先和日商合作，所以經常需要和日本人打交道，理所當然，那位學日語的年輕人經常在公開場合露面。不長時間，他在單位裡的影響就超過那位英語翻譯。英語翻譯不服氣，他覺得照此下去，肯定會處於劣勢，還可能會失去晉升的機會。這個英語翻譯也是個不甘落後的人，他坐不住了，決定憑著大學時選修過日語的基礎，暗暗學習日語，準備超越對手。幾年過去了，他擁有了一張日語等級證書。

他開始嘗試著與日商進行會話，幫助行銷員處理一些工作上的翻譯任務。同事們都對他掌握兩門語言非常佩服，同時他自己也有一種成就感。但就在他為自己的成績暗暗驕傲的時候，他在翻譯澳大利亞商人的貿易合同時把關鍵字弄錯了，給公司造成至少十萬美元的損失，雖然事後公司通過談判，挽回了部分損失，但公司董事長為此十分震怒。他十分內疚，反省再三，他醒悟過來，這些年由於忙著學日語，早已疏於對英語詞彙的充實和溫習，錯誤的發生是早晚會出現的。他在自己的專業上敗下陣來，而且他的日語即使苦學幾載，也無法與對手的水準抗爭，他後悔莫及。

在這個世界上，差異是我們每一個人存在的理由。每個人都有超越於他人的獨特優勢，這些優勢如同潛藏在地底下的火山，蘊藏著無窮的能量。如果能及早地發現這些優勢，並把這些優勢發揮出來，那麼每個人都能獲得非同一般的成就。

要想發現你自己的優勢，首先就要充分地認識你自己。只有在認識你自己的時候，你才會發現自己有很多的優點，才能真正做到把自己的優勢挖掘出來，並淋漓盡致地發揮它們。

在希臘帕爾納索斯山南坡上，有一個馳名古希臘的戴爾波伊神托所。在神托所入口的石頭上刻著一句格言，用現代話來說，就是：認識你自己。古希臘哲學家蘇格拉底經常引用這句格言，後世人們認爲這是他講的話。但在當時，人們則認爲這句格言就是阿波羅神的神諭。其實這是一句家喻戶曉的民間格言，是希臘人民的智慧結晶，後來才被附會到大人物或神靈身上去的。兩三千年前的這句格言直到今天對人們來說還有著同樣重要的意義，它時刻提醒著人們認識自我、把握自我、實現自我。

有人問古希臘犬儒學派的創始人安提司泰尼：「你從哲學中獲得了什麼呢？」他回答說：「發現自己的能力。」如果我們缺乏發現自己的能力，也就是缺乏對自己的懷疑、反省、懺悔的能力，缺乏深入探究事物真相和本質的能力。

有很多人之所以沒有成功，就是因爲不瞭解自己的能力。我們往往在還沒有衡量清楚自己的能力、興趣、經驗之前，便盲目地追尋一個過高的目標——這個目標是和別人比較得來的，而不是瞭解自己之後確定的，所以經常受到辛苦和疲憊的折磨。而真正的智者對自己的能力優勢瞭若指掌，不會因爲別人的評價而改變對自己能力的肯定。

5 發散魅力，征服他人

劉邦似乎天生就是做領袖的人才。在他還是一介平民時，他的一大批朋友都會給他「捧場」；做了亭長後，黑白兩道的兄弟多了，「捧場」的人也越來越多。是什麼原因讓劉邦擁有如此好的人緣呢？是劉邦迷人的領袖魅力。

劉邦迷人的領袖魅力還體現在他與夏侯嬰之間的一次誤傷事件上。

當時，夏侯嬰已升為試補縣吏，地位不比劉邦低。有一次，劉邦與夏侯嬰比劍玩時，一不小心把夏侯嬰砍傷了。此事正好被其他縣吏看到，便密告劉邦故意傷害官差。

劉邦身為亭長，卻傷害朝廷官差，依照秦法，不但會被革職，還要被判處重罪。因為事態嚴重，劉邦便咬緊牙關不承認夏侯嬰是他砍傷的。

當時，縣官下令徹底查清事實。因為他們認為，刺傷朝廷官差是一件性質很嚴重的案件。但是，由於劉邦良好的人緣和領袖魅力，沒有任何一個人願意作證夏侯嬰是劉邦所傷。縣官沒有辦法，只好找夏侯嬰，要他出面指控劉邦。

夏侯嬰也不願意指控劉邦，始終不承認是劉邦傷害了他。最後，縣官沒有辦法，只好以「知情不報，匿護罪犯」之罪名，鞭笞夏侯嬰數百下，並把夏侯嬰打入大牢，判處一年刑獄。

蕭何和曹參親眼目睹了夏侯嬰咬緊牙關寧願接受刑罰也不招供的這一幕，他們也從內心裡認為劉邦是個非常了不起的人物，便積極從中疏通。結果，劉邦不僅沒有獲罪，反而繼續悠閒地當他的亭長。

由此可見，一個人要想在人生博弈中借助團隊的力量獲得勝利，必須要具有迷人的領袖魅力；只有具備了這樣的魅力，才能更有效地爲自己凝聚人氣，獲得眾人的擁護和支持。

李嘉誠是美國《時代》週刊評選的全球最具影響力的商界領袖之一、香港《資本》雜誌評選的香港十大最具權勢的財經人物之首、聞名世界的商業鉅子、從一無所有到世界華人首富……他是香港歷史上的首位「千億富翁」，他的企業遍佈全球五十二個國家。回顧五十多年的創業歷程，他之所以能從一個跑街的推銷員一步步成為華人首富、世界商業鉅子，是與其個人的領袖魅力分不開的。

李嘉誠把儒家的情義與西方的進取精神很好地結合在一起，外圓內方，剛柔相濟。他重信諾、重誠意、講義氣、寬厚待人，他平和、勤奮、堅忍，這一切，把中國文化中的立身處世之道發揮得淋漓盡致。正因如此，他身上散發著迷人的領袖魅力，他的員工都願意自覺地為他努力工作，為他的商海博弈提供強有力的支援。

李嘉誠認為，做老闆比較簡單，老闆的權力主要來自其地位，可以靠上天的緣分或者憑仗其努力和專業知識獲得。做領袖則比較複雜，領袖的力量源自人性的魅力和號召力。領袖領導眾人，讓別人心甘情願地賣力；老闆只懂得支配眾人，讓別人感到他很渺小。

在現代社會，迷人的領袖魅力是許多人取得成功的關鍵因素之一。一個人要想在這個社會有所作爲，幹出一番轟轟烈烈的事業來，他的身後必須有一個強有力的團隊。而他要想駕馭好這個團隊，必須要有這個團隊所認可的領袖魅力。一旦他具有了這種領袖魅力，他就能很好地整合這個團隊，使之爆發出強大的凝聚力、向心力和戰鬥力，從而將他的理想和一系列藍圖變爲觸手可及的現實！

6 適度包裝自我，酒香也怕巷子深

一個人要想獲得成功，應該適當地包裝自己，建立自己的知名度和美譽度。俗話說：酒香也怕巷子深，想要進一步求發展，就必須對自己的「身價」開始重視。所謂身價，就是創造出自己的「不可取代性」。

身價的籌碼多不勝數：表層的衣飾、表情、言談舉止、風格氣質；內在的思想見識、才華學問、性格意志；隱形的關係、背景、環境、運氣……關鍵是，哪一樣做得到位，哪一樣適合你，哪一樣對方感興趣？

劉邦在建立自己的知名度方面是做得非常成功的：利用人們的迷信，採取了神化宣傳個人形象的辦法。

劉邦不僅長得好看，而且身上有不少異相。據《史記．高祖本紀》記載：高祖為人，隆準而龍顏，美鬚髯，左股有七十二黑子。隆準的意思是鼻子高挺，兩頰端正；龍顏是指劉邦頸子長，胸部挺直，背脊硬朗，手腳長而有力，在眾人中顯得鶴立雞群、相當有精神；美鬚髯是指他的鬍子特別漂亮，看起來顯得特別高貴，少年老成，值得信賴；左股有七十二黑子是指左腳有七十二個黑痣。在中國古代相學中，七十二是個大吉大利之數。一些喜歡討論異相的三姑六婆，得知劉邦的體型與長相與眾不同後，便一傳十，十傳百，百傳千，劉邦的知名度就這樣建立起來了。

由於劉邦長相奇特，他在家裡也享受到了特殊待遇：劉家大大小小都對他另眼相看，他甚至不必幹農活兒，有充分的時間去打理自己的人脈，進行自我包裝。他非常重視自己的衣著，每天都要打扮一番，把自己整理得很有氣度。這使他在面對自己的朋友時，顯得格外自信。

由於注重個人包裝，再加上某些人的宣傳，劉邦的個人形象有些神化了。

秦始皇在位時，便有不少懂得天象的方士向他建言：「東南方有天子氣。」當時，秦始皇非常擔心，便常到東方巡幸，企圖以自己的天子之威鎮服這股氣。

劉邦對此傳說，頗為自疑，為了避免獲罪，他時常藏匿於芒縣和碭縣間的深山、沼澤和岩石間。

不過，令人奇怪的是，無論劉邦躲在什麼地方，一旦他的妻子呂雉和地方父老有事要找他，都能很快找到他。

劉邦感到非常奇怪，便問呂雉說：「你怎麼每次一來便找到了我呢？」

呂雉回答說：「你所在的地方，上空常有雲氣，只要順著雲氣找，便可以找到你。」

至此，劉邦更相信自己有祥瑞之兆，非常高興。沛縣子弟聽到了這種傳言，更相信劉邦有貴人之相，認為劉邦有天子之氣，追隨劉邦將來能夠大富大貴，便紛紛前往山中投奔劉邦，於是很快形成了一股力量。

這段故事顯然是後人附會上去的。方士再大膽，也不敢向秦始皇進言說「東南方有天子氣」，即使有這件事，亦屬宮廷中秘言，又怎麼可能傳到劉邦耳中呢？如果這件事是真的，那麼只能說明一個問題：劉邦在神化包裝自己的形象上可謂用心良苦。

《史記》中記載：劉邦因為結交朋友多，有朋友來了，總是請人家喝酒。一般來說，劉邦帶朋友總是去王媼和武婦的酒店。剛開始的時候，劉邦還會付些酒錢，但是時間久了，就慢慢開始欠帳了。劉邦本來收入就不高，因為愛好結交，為人又豪爽，所以常常是入不敷出，欠帳是在所難免的。

欠帳久了就多了，劉邦也沒錢還了。剛開始時，他還會和兩位老闆娘客客氣氣地說：「下次再付，這次沒帶錢。」或者是：「記帳吧，等有了再給啊。」時間長了，他連這些話也不說了。

讓人想不明白的是，劉邦每次喝酒都不是一個人去的，總是呼朋喚友一塊兒去。但是，劉邦不管喝多少酒、欠多少酒錢，只是吩咐兩位老闆娘記帳。而且到了年底，也沒看見劉邦還過帳，兩位老闆娘也從來不找他要賬。

消息傳出後，很多人都想到酒店來白吃白喝。一些潑皮無賴也學著劉邦的樣子，到王媪和武婦店裡喝酒後不給錢，吩咐老闆娘記帳。但兩位老闆娘對待他們，卻不像對待劉邦那樣好說話了。這些人就拿劉邦出來做擋箭牌，說：「劉邦不是每次喝酒都不付錢嗎？憑什麼我們就要付錢？」兩位老闆娘就說了：「你們憑什麼和劉邦比，他不是凡人。劉邦大腿上有七十二顆痣，睡著時，常常有神龍在他頭上出現。我們是因為他不是普通人，才不要他酒錢的，你們算哪道菜！」

那些潑皮無賴就啞口無言了，而劉邦不是凡人的傳聞也繼續發揚光大。

古時候的人，最相信那些奇聞逸事了，認爲和這些事聯繫在一起的人，往往都不是普通人。王媪和武婦這樣一說，等於是給劉邦做了個義務宣傳。這些話越傳越遠，後來劉邦起事時，人們紛紛投奔他，很多都是因爲這種宣傳起的作用。

因爲劉邦善於包裝自己、宣傳自己，給天下人造成了他「貴不可言」的直覺印象，所以劉邦起事後，那些希望改變自己的命運、追求大富大貴的人，便死心塌地地追隨劉邦，和他一起出生入死，尤其是劉邦年輕時結交的那幫朋友。這些人對劉邦的支持是無私的，是全心全意的。沒有他們的支持，劉邦很難奪取天下。

在現代社會，一個人要想獲得成功，借鑒劉邦的成功經驗，適當地包裝自己，這是非常重要，也是非常必要的。很多人由於傳統觀念根深蒂固，有一種極其矛盾的心態和難以名狀的自我否定、自我折磨的苦楚。在自尊心與自卑感衝撞下，他們一方面具有強烈的表現欲，另一方面又認爲過分地出風頭是卑賤的行爲。但在競爭激烈的今天，想做大事業，必須放棄那些不痛不癢的面子，更新觀念，大膽地推薦自己。

常言道：「勇猛的老鷹，通常都把牠們尖利的爪牙露在外面。」巧妙而適度地包裝自己，是變消極等待爲積極爭取、加快自我實現不可忽視的手段。精明的生意人，想把自己的商品推銷出去，總得先吸引顧客的注意，讓他們知道商品的價值。要想恰如其分地推銷自己，就應當學會展示自己，最大限度地表現出自己的優勢。給人生的每個階段一個合理的定位，然後信心十足地爲自己創造全方位展示才能的機會。

第二章

大漢王朝的建立：

膽量是釋放能量的基礎

成功需要很多的東西，但能夠起決定作用的應該是膽量。有了膽量，沒有希望成功的事情也可以成功；沒有膽量，本有希望成功的事情也可能因此而失敗。劉邦之所以能夠斬蛇起義，建立大漢王朝，他的膽量起了至關重要的作用。

1 一個「賭徒」的膽量

有人說，人生就是一場豪賭，要麼成功，要麼失敗。其實成功也是如此，只有敢於做賭徒才能成功，因爲害怕失敗而放棄創業的，大有人在。很多人還沒開始，就想到將來失敗後的結果；想到創業有多難，擔心自己高昂的激情換回空空的行囊。

當時，秦始皇大興土木，在全國各地大徵傜役。沛縣縣令在接到徵調民工的命令後，馬上按要求徵集了一批人。在那個時候，出去做勞役是一件十分辛苦的事情，弄得不好還會丟掉性命，所以沒有誰願意去做這事。

既然沒人願意做這事，所以送人過去服勞役就得有人看守。因為劉邦當時是亭長，這件差事就落到了他的頭上。劉邦帶人出去後，一路上不斷地有人逃走，劉邦想：這樣不是個辦法啊，等到了目的地，也剩不了幾個人了；如果完不成任務，我也會死，乾脆做個好人吧。他把那些沒逃走的人的身上和腳上的繩子解掉，對他們說：「現在我放了你們，你們各自逃生去吧。」

這些人沒想到劉邦會這樣大度，也有些疑惑，就問劉邦：「你放我們走，你自己打算到什麼地方去呢？」劉邦說：「放了你們，我當然也不能回家了，我也要到處流亡，躲得一時是一時。」聽劉邦這樣一說，很多人都願意跟著劉邦逃亡。

於是一行人向大山進發，因為在山中容易躲過官兵的追捕，也方便找到吃的，利於生存。就在他們向大山走去的時候，前面探路的一個人突然跑回來說：「不好，前面路上有一條大白蛇擋住了道路，不能再往前走了。」

不能往前走，就只有繞道而行，這樣的話，他們就不能及時進入山中，會有被官府抓住的危險。劉邦聽說有大蛇在前，拔出佩劍說：「不就是一條蛇嘛，有什麼好怕的?!」他帶著人繼續往前。走不多遠，果然見有一條大蛇盤踞在路上。劉邦舉起劍就向大蛇砍去，大蛇受到攻擊，也向劉邦撲來，劉邦連砍帶劈，把蛇砍死了。

一行人繼續上路，走不遠，前面突然出現一老婆婆在路邊坐著哭。他們就好奇地走上前去詢問情況，老婆婆說：「我的兒子剛剛被人殺死了！」大家正在安慰老婆婆，老婆婆又說：「我的兒子是白帝之子，剛才在路上睡覺，被赤帝之子給殺死了。」話一說完，老婆婆突然就不見了。

大家驚異之下，聯想到剛才劉邦殺死的白蛇：莫非那就是老婆婆所說的白帝之子？於是，劉邦是赤帝之子的說法就此傳開，跟著他的這些人也更加死心塌地了。

劉邦病危時，曾以「吾以布衣，提三尺劍取天下」為傲，說的就是這段拔劍斬蛇的故事，可見此事在他創業過程中的重要性。所謂壯士們從此更加敬畏劉邦，與其說是因爲那條蛇，不如說是因爲大家更加佩服他的膽量。

易中天先生曾經有過精彩的論述，不妨一睹爲快：

「在中國歷史上，奪帝位者不外兩種人。一種是豪族，如楊堅、李世民。另一種是流氓，如劉邦、朱元璋。文人是沒有份的。文人既不敢起這個心，也沒那個力；即使參加造反起義，也只能攀龍附鳳，跟在豪族或流氓屁股後面，當個軍師，做個幕僚，出點兒主意，使點兒計謀，斷然是當不了領袖的。所以楚漢雙方的首領，只能是豪族項羽和流氓劉邦，不會是蕭何、曹參，也不會是范增、張良。

「文人為什麼當不了造反皇帝呢？因為造反起義，爭奪帝位，說穿了，是一場豪賭，非有天大的膽子不可。這個膽子，又與本錢有關。本錢特大的敢賭，一無所有的也敢賭。豪族敢賭，是因為本錢大，輸得起。流氓敢賭，則是因為沒本錢，輸不怕。不就是失敗了沒好果子吃嗎？我本來就沒吃過好果子。幹他一下，沒准還能撈他兩個吃吃，豈不賺了一票？但凡有此類機會，真正一無所有的流氓無產者都是像乾柴一樣一點就著的。幹嗎不去？不去白不去。

「文人可就要三思而行了。文人都是聰明人，而聰明人從來都成不了大氣候。聰明人遇到事情，往往想法比較多，想得也比較細。等他前前後後都想妥帖了，沒准機會也過去了。即便機會沒過去，他們也多半不會幹。因為文人是有本錢的人。這本錢比豪族少，比流氓多，不多不少，很是尷尬。他們多半有些薄產，有些家小，妻溫良，子懦弱。熬一熬，也許能混個士紳。再不濟，也能混個溫飽。要他們拿這點小本錢去豪賭一把，捨不得也豁不出去。

「所以只有吳用這樣的光棍才會落草為寇。而吳用之輩所以要『下海』則又因為他們的本錢之一是知識學問。知識學問是要用的，不用，就等於沒有。怎麼用呢？一是賣給皇帝，去當國師；二是賣給強盜，去當軍師。當然最好是賣給皇帝，如果賣不了，就賣給強盜，反正不能閑著。何況『成者王侯敗者寇』，過去的強盜也可能變成皇帝。苟如此，豈非開國之勳？這便是起義軍中總有文人摻和的原因。總之，文人總是要『仕的』。治世，則仕於朝；亂世，則仕於野。挑頭造反，則不可能。

「流氓就不會想那麼多。流氓什麼都沒有，卻有膽量。而且正因為什麼都沒有，才只有膽量。他們沒有家財，不怕破產；沒有職務，不怕罷官；沒有地位，不怕丟人；沒有知識，不怕說錯話。那他們還怕什麼？怕死？笑話！誰不會死？不就是死無葬身之地嗎？我本來就買不起棺材。不就是身敗名裂嗎？我本來就沒有什麼名。不就是不得好死，要千刀萬剮嗎？對不起，捨得一身剮，敢把皇帝拉下馬。只要能把皇帝拉下馬，咱就賺了。就算拉不下，能嚇他一跳，咱們也算沒有白活。」

所以，渾身是膽的劉邦便脫穎而出，成了時代的弄潮兒。

賭有贏有輸，不賭不會輸，但也不會贏。成功者爲了實現個人成就的夢想，敢於做賭徒，而也正是因爲有這種冒險精神而取得成功。所以，想成爲富人就要敢於冒險，去做創業的賭徒，也許你會輸，但更有可能成功。

2 找準靠山，大膽借力

富人多是借助他人的力量登上成功的巔峰！但凡是成功者，無不是借力的高手。誰敢說，他的成功不需要借力？誰敢說，他的成功中沒有借力？他們敢借、能借、會借、善借，從而借出了一片新天地！

劉邦起事後，力量較爲弱小，並且由於雍齒背叛了他，使他在剛起事時，就遭遇了挫折。不過，他並沒有因此消沉，爲了積蓄自己的力量，他選擇了加盟策略，先投奔景駒，隨後投奔項梁。加盟項梁集團，無疑爲自己找到了一棵大樹。而後來的發展歷程證明，劉邦加盟項梁集團，是他博弈天下邁出的至關重要的一步。

劉邦在沛縣起兵後，隨著隊伍的不斷壯大，便率蕭何等四處尋找糧食，以維持隊伍的生存。臨行前，他將豐邑交給了自己的同鄉人雍齒固守，雍齒從小和劉邦很熟識，他的身分地位比劉邦要高，因此對於自己在劉邦手下過日子心有不甘。正好魏將周市率軍南下經略沛縣及豐邑等地方，雍齒便舉兵降魏。劉邦聞訊大驚，立刻帶兵反攻，但雍齒閉城堅守，劉邦攻城不克，成了沒有根據地的流浪部隊。

此時的劉邦聽說楚王景駒正在招兵買馬，便率部前往，途中偶遇韓國貴族後裔張良率數百少年欲投奔景駒，張良和劉邦一見如故，談得非常投機，便將自己的全部人馬交給劉邦統領，自己則以客卿的身分留在劉邦營內。

張良，字子房，是戰國七雄中韓國的貴族。年少時的張良膽量奇大，個性衝動，敢作敢為。韓國滅亡後，他滿懷義憤，發誓要為韓國報仇。他認為擒賊先擒王，打算直接暗殺秦始皇。這個計畫不但大膽，而且非常困難。為了達到這一目的，張良散盡家財，四處徵求藝高膽大的勇士。

後來，張良招募到一個超級大力士。這位大力士不但身材雄偉，而且擅長操縱一百二十斤重的鐵錘，能遠距離飛擊目標。可惜，在秦始皇東遊時，張良派大力士在陽武博浪沙刺殺失敗，張良只好流落民間。

秦始皇遇刺後，勃然大怒，下令在全國緝拿張良。好在張良出道不久，真正見過他的人不多，更難想像其外形。因此，秦始皇雖「大索天下，求賊甚急」，張良仍然得以脫險而出。張良聰明絕頂，他認為，如果藏在荒山郊野，反而容易被懷疑，最危險的地方往往也最安全。於是，他變更姓名，藏匿在人口眾多的商業城市——下邳。

在下邳，張良遇到一位老人，老人教授他太公兵法，從此張良有了深厚的軍事素養。遇到劉邦時，由於談話頗為投機，張良便以太公兵法中的策略去考劉邦，想不到劉邦一觸即通，不但能完全領會及接受張良的建議，並且在應用上也能做到恰到好處。張良不禁感歎道：「沛公真是天生之英才呀！」從此，張良成了劉邦博弈天下的重要謀士。

劉邦和張良往見楚王景駒時，楚北的戰況已相當緊急。章邯的部隊攻陷了相城，並威脅碭地。景駒以東陽寧君和劉邦引軍西進，在蕭縣阻擋秦軍。雙方戰於蕭城西，楚軍戰況不利退守留城。

景駒雖在秦嘉的輔佐下號稱楚王，但由於他們的根據地在楚北，在章邯大軍壓境時，根本得不到江南地區反秦力量的普遍支持。

此時，廣陵人召平冒充陳勝的特使率部進入江東，拜會項梁。

在會稽郡起義的項梁、項羽叔侄，由於遠離秦朝中央政府，那裡的秦朝守軍相對較弱，所以，他們的勢力發展得非常順利。不久，他們便擁有了整個會稽郡。項梁是位善於審時度勢的人，他並不急於稱王，對陳勝稱王的態度也保持冷靜，並未作出任何反應，仍按秦制來執行統治權。

項梁派侄兒項羽南下收編江南地區的義軍，自己則坐鎮會稽郡的吳中，以監視江北形勢的發展變化。項羽經過一番努力，成功地收編了江南各路起義隊伍，組織了八千精兵，聲勢日漸浩大起來。

景駒自封為楚王，引起了項梁的很大反感。他認為，景駒沒有資格稱楚王，最有資格稱楚王的是自己，因為自己是楚國名將項燕之後。不過，他覺得時機尚未成熟，不宜作任何表態。

召平見了項梁後，也建議項梁不宜自封為楚王，因為項燕畢竟是楚國名將，以忠勇聞名；作為項燕之後，項梁應該出面立楚王的後裔為王，這樣才有號召力。現在最明智的做法就是假借陳勝之命令，自封為上柱國。項梁高興地接受了他的建議，便以楚國上柱國的名義率軍渡江北上，收編江北義軍以對抗秦軍。

此舉可謂名正言順，出師有名。所以項梁一路上獲得了楚地反秦義軍的普遍擁護。東陽縣的義軍領袖陳嬰率部兩萬餘人前來投奔項梁。項梁的實力大增。

鄱陽縣的英布也結同夥伴蒲將軍，率部投奔項梁。

一時間，各路大大小小的義軍紛紛歸順項梁。不久，項梁的軍隊達到了六七萬人之眾。他將大本營設置在了江北的下邳。

項梁的北上及其實力的大增，讓楚王景駒和秦嘉大為不安，他們紛紛召集部隊，陳兵彭城以東，試圖阻擋項梁的勢力向北發展。

由於項梁以上柱國自居並未稱王，合乎楚國正統王室的禮儀，而且他又是楚國名將項燕之後，項燕在楚地老百姓心中很有聲譽，因此項梁得到了大多數楚國長老的支持，聲望及實力都遠在景駒之上。項梁乘勢對楚軍將領們宣稱「景駒為楚王乃大逆不道之行為，應共擊之」。楚地各部落長老又發起了強大的政治攻勢，景駒眾叛親離。項梁乘機全力進攻，擊敗秦嘉，殺死景駒。接者，項梁收編了秦嘉及景駒的殘餘部隊，自此，楚軍全歸項梁節制，成為反秦聯盟中最龐大的一股力量。而此前投奔景駒的劉邦自然也成了項梁的屬下。

劉邦在加入楚軍集團後，非常幸運。由於項梁輕敵意外死亡引發的內爭，使得他在懷王政權中的政治地位迅速上升。而隨著劉邦政治地位的上升，無論對他發展軍隊，還是對外提高自己的號召力來說，都是非常有利的。從此，劉邦逐步具備了博弈天下的真正實力。

俗話說，大樹底下好乘涼。每個人都渴望成功，出身貧寒、運氣不佳、資源短缺……這都不是你的錯。只要能領悟借力的思想，學習借力的方法，掌握借力的技巧，你便能走向成功。

拿破崙曾經說過一句這樣的話：「懶而聰明的人可以做統帥。」所謂「懶」，指的就是不逞能，不爭功，能讓別人幹的自己就不去攬著幹。儘量借助別人的力量，這在某種意義上來說，是在告誡我們現實生活中那些渴望成功的人：要善於「借力」。別人會幹，等於自己會幹。那麼，我們具體該如何來用好這一招呢？

一是借上司的「力」

上司的「力」是否好借，這就要看你對上司瞭解和熟悉的程度了。

首先，要充分瞭解和熟悉自己的上司。比如其經歷、好惡、工作習慣……精明的上司賞識的都是那些熟悉自己、並能預知自己心境和願望的下屬。

其次，要充分理解上司的真實意圖。當你被委以重任時，上級對你說：「好好幹啊！」於是你就回答說：「我一定好好幹。」似乎如此回答是理所當然的。可是從一開始，你就犯了一個錯誤，因爲你不清楚被拜託的是什麼？要好好幹的是什麼？爲什麼要幹？幹到什麼時候？幹到什麼程度？……所以，應該明白上司的真實意圖，站在上司的角度考慮問題，在實踐的過程中還要經常徵求上司的意見和建議。

再次，要明白上司的難處，關鍵時候還要主動站出來做出一些自我犧牲或放棄自己的個人利益，上司自然會認爲你夠朋友、講感情、有覺悟，你在他心目中的形象就會更好。

最後，不要喧賓奪主。有些人有了些權力之後，就自以爲大權在握，就不把別人甚至上司放在眼裡，這樣可能會成爲上司的打擊對象，那麼離炒魷魚就不遠了。

二是借同級的「力」

俗話說：「孤掌難鳴。」如果在工作時得不到同事的支援，很多時候是很難有所作爲的。當然，作爲同事，有時候免不了有利益衝突，比如政治榮譽的歸屬和經濟收益的分配……這時候，就應該學會謙虛，主動禮讓，不要爭功，更不要攬利；應主動徵求同事對自己工作和作風上的意見和建議，彼此真誠相待。

三是敢於「借貸款」

小商品經營大王格林尼說過：「真正的商人敢於拿妻子的結婚項鍊去抵押。」小心謹慎地做自己的生意，固然是必要的，但要在商圈上成大氣候，還得要大膽地向前邁步走，事實上，不少白手起家的富翁沒有不借債的。

法國著名作家小仲馬在他的劇本《金錢問題》中說過這樣一句話：「商業，這是十分簡單的事。它就是借用別人的資金！」這句話也證明了財富是建立在借貸上的。但還是需要創造財富者有充分利用借貸，擅長利用借貸款的能力。

四是借別人的腦袋、技術來為自己所用

借別人的腦袋、技術來爲自己所用，善於將別人的長處最大限度地變爲己用，這是最聰明的辦法，是最省錢省事、最快的成功捷徑。

五是借助輿論，壯大你的優勢

從明星的緋聞到政客的傳奇，諸多事件都驗證了輿論的強大威力。在社會上，輿論像洶湧的波濤，可以把你淹沒海底，也可以把你推上天空。

真正有心計的人，幾乎都是善於利用輿論來爲自己服務，牢牢地鎖定目標，製造出「非我莫屬」的聲勢。你要善於人爲地爲自己製造一些焦點和聲勢。即使有雄心也不要急於行動，而是利用方方面面的力量，爲達到自己的真正意圖搖旗吶喊，最終達到自己的目的。

六是找一棵可以遮風避雨的「大樹」

人生路上充滿了很多的艱辛坎坷，光靠一個人的努力有時難以面對，顯得勢單力薄。因此，找到一棵可以遮風避雨的「大樹」，進可以攻，退可以守，有了堅實的後盾做靠山，取得成功也就易如反掌。

3 親臨危險的第一線

劉邦得以成就霸業，膽量更是起到了至關重要的作用。在鴻門宴上的表現就是劉邦膽量的一次集中體現。

西元前二〇六年，劉邦兵進咸陽，在嶢關劉邦按照張良的計策大敗秦軍。秦王子嬰只好投降劉邦。按當時諸侯之間「先入關中者為王」的約定，劉邦欲稱霸關中，自封為王，並且派兵緊守函谷關，以抗項羽大軍。此舉事關天下歸誰所有，項羽就率領諸侯聯軍欲進關中質問劉邦。雙方軍隊一時在霸上展開對峙。此時項羽大軍四十餘萬，而劉邦軍隊只有十萬，勝負原本一戰即定，不料項羽的叔父項伯因為曾經被劉邦屬下張良救過，為了報答救命之恩，他連夜趕到劉邦大營報信，並且勸劉邦次日去項羽軍中謝罪，以避免與楚軍交戰。

這時的情況可謂是萬分危急，項羽陳兵數十萬，準備隨時吃掉劉邦，而且磨刀霍霍，隨時準備把手中的刀砍向劉邦的腦袋。此時，項羽的兵營無疑就是一座龍潭虎穴，一般人避之唯恐不及，哪裡還敢自投羅網呢！但是劉邦就有這個「明知山有虎，偏向虎山行」的膽量，在明知項羽想要加害自己的情況下，還是毅然決然地冒險前往鴻門赴宴。

第二天，劉邦親率百餘名隨從前往項羽軍中謝罪。而項羽素來敬重英雄，此時見劉邦敢於孤身涉險，就在鴻門設宴款待劉邦，以觀察劉邦意圖。席間，項羽的謀士范增多次暗示項羽借機除掉劉邦，以絕後患。無奈項羽卻被劉邦溫言軟語蒙蔽，不肯對之加害。於是，范增只好暗遣武士項莊借舞劍之機刺殺劉邦，卻被劉邦部下大將樊噲識破，並借機對項羽多加斥責。這時，劉邦知道雖然項羽對自己沒有加害之心，但是范增卻是一心要殺死自己，就借如廁之機退出宴席，逃離了鴻門。

從鴻門宴之前的局勢來看，劉弱項強，劉邦知道自己絲毫沒有勝算，但是他卻能通過對項羽性格的分析以及在項伯的建議下做出了前往項羽軍中謝罪這樣一個大膽的決策，並且事實證明這個決策是正確的，劉邦以超人的膽識震懾了以霸氣聞名天下的項羽，不能不說膽量在這時起到了決定性的作用。

縱觀劉邦打天下的歷程，從沛縣起家開始，每一次的戰鬥，劉邦莫不是親自出馬，從西進關中，直到和項羽展開激烈的爭奪，他都冒著極大的危險，堅守在第一線。如果不是一位有膽量的人，哪裡能夠敢於這樣做呢？

在滎陽及成皋和項羽作戰時，劉邦曾經數次被項羽包圍，險些送命，如果不是有著天大的膽子，估計是不會親臨危險的第一線的。

就是在登上皇帝寶座之後，陳豨、臧荼、英布謀反，他都是御駕親征。在楚漢相爭之時，劉邦曾身負大傷十二次，其中被弓弩貫穿的重傷就有四次之多；在征英布的時候，被箭弩射中，最終因此送了命。由此可見劉邦一直都是很有膽量的。

在多次御駕親征中，最危險的一次莫過於出征匈奴的時候，這也是最考驗劉邦膽量的一次出征。

那時候，正好是劉邦和項羽對峙滎陽之際，內部疲於內戰，根本無暇顧及邊防。這種形勢，讓匈奴冒頓的勢力得以迅速擴張，掌握的遊牧騎兵多達三十餘萬，北方諸國均被納入其管轄下。

匈奴的冒頓單于穩定了自己的內部，立即準備開始向漢朝進攻，在他眼裡，漢朝是一個取之不盡用之不竭的寶地。

這時候，韓王信進入晉陽，並在馬邑建立防寨的同時，冒頓也率大軍南下，包圍住了馬邑的韓王信營寨。

韓王信大恐，趕緊向長安呼救，同時因為擔憂遠水難救近火，所以又連連遣使向冒頓求和。劉邦對此人本來就不放心，加上獲知他與匈奴通使來往的情報，不免猜疑其要求遷都馬邑是否別有用心，遂派使者前往責問。韓王信對於劉邦將其徙封北地本來就十分不滿，現在聽使者口氣，大有追究叛逆的意思，聯想起燕王臧荼、楚王韓信相繼倒臺的下場，百感交集，索性公然投降匈奴，獻出馬邑，相約聯合反漢，很快便反戈攻打到晉陽城下。

劉邦聞報大驚，一邊令趙王張敖、代王劉喜就近發兵增援晉陽，一邊親自率領大軍北征，以樊噲為主將，前去迎擊匈奴。

經過幾次激戰，漢軍取得了一些勝利。冒頓單于馬上派左、右賢王率領萬餘鐵騎，屯兵廣武以南，威懾劉邦駐紮的晉陽。劉邦要求樊噲主動出擊，匈奴稍戰即敗退，然後又紮營，樊噲率軍追擊，破營，匈奴有時稍戰即退，樊噲再追。適值隆冬，這時，一場特大的寒流襲來，雨雪紛飛，按照現在的說法，估計一夜之間氣溫下降了數十攝氏度。漢軍多來自於南方，耐不住嚴寒，十有二三被凍掉了手指，連兵器都握不住，只得收兵。

劉邦心生一舉殲滅匈奴的雄心——倘能徹底解決這個連秦始皇都為之頭疼的禍患，便是不世之功。當時他獲知冒頓單于親率主力，屯兵代谷，遂有了輕騎奔襲而先擒賊王的打算。為求穩妥起見，劉邦先後派出十多個探子，潛往代谷以探虛實。

殊不知冒頓正有誘使漢軍來襲的計畫，故意把精壯的人馬都藏匿起來，只留一些老兵瘦馬以誘漢軍。

急於建功的劉邦唯恐冒頓聞訊溜走，又嫌大軍行動遲緩，結果就入了冒頓的圈套，先自率領前鋒部隊，徑撲平城，駐紮在距平城東南約十里的白登山上。冒頓旋即調集四十萬精兵，將漢軍團團圍住。六七天後，漢軍斷糧，形勢萬分危急。司馬遷在《史記》中寫道：皇帝用陳平奇計，派人找冒頓單于的閼氏（相當於漢人的皇后），才得以解圍。因為這條計策太詭秘了，所以世人不知其詳。元代史學家為《資治通鑒》作注釋時，徵引漢代應劭的說法：陳平請人畫了一幅美女圖像，送給冒頓閼氏，詭稱漢家有此美女，現在漢皇被困，打算將她獻給單于。閼氏怕漢家美女奪去她的寵愛，便勸丈夫解圍，放走了劉邦。由於此計有失國家體面，所以秘而不傳。

閼氏勸丈夫解圍以及劉邦脫險經過，史傳上倒是有翔實記載。閼氏說：「兩主不相困。現在即使得到漢家疆土，終非單于久居之地。何況我聽說漢帝有神靈，請單于謹慎一些。」冒頓單于慣聽夫人教唆，又因王黃、趙利的軍隊遲遲不來，懷疑他們與漢軍有勾結，便下令解開圍困的一角，絕處逢生的劉邦乃由夏侯嬰親自駕車保護，在漫天迷霧的掩護中突出重圍。

甘冒矢石之危，親臨前線，這需要有足夠的勇氣，不是每一個人都能夠做到的。何況劉邦這時已是皇帝，還要御駕親征，這是很要點兒膽量的。

古人認為，一個人要成功，就要講天時地利人和，天時要順其勢，地利要適其勢，人和呢？人和可以由自己創造。換句話說，他先要有膽量，才能創造人和，加上天時地利，一定會成功。

劉邦就是這樣，膽識氣魄是他成就一番帝業所必備的，驚人的膽識和常人不具備的思想使他從一個遊手好閒的混混成為一代帝王。試想如果當年劉邦不做草寇，而是老老實實地幹好泗水亭長的本職工作，他那一輩子也就那樣了。所以說，膽量是劉邦釋放自己能量的基礎。

我們有成為成功富人的欲望，卻不敢冒險，怎麼能夠實現偉大的目標？冒險與收穫常常是結伴而行的。風險和利潤的大小是成正比的，巨大的風險能帶來巨大的效益。險中有夷，危中有利。要想有卓越的成果，就要敢冒風險。

劃時代的探險行為不是時時發生的，也不是每一個探險家都會碰到的機遇。冒險精神不是探險行動，但探險家必須擁有足夠的冒險精神。沒有這一點，成功就與你無緣。

4 屢敗屢戰，堅持到底

想做一番大生意不是一件很容易的事情，每一個富翁的財富都是在商海中經歷了一番不同尋常的搏殺得來的。生意的圓滿如同人生的圓滿一樣，意味著必須走完全程，意味著必須歷經千難萬險，意味著就算身臨絕境也要咬緊牙關繼續向前奔跑，戰鬥到最後一刻。

劉邦率領諸侯聯軍五十六萬，揮師彭城，並迅速佔領了彭城。項羽得報，立刻從齊國撤軍，揮師反撲。項羽不愧是軍事天才，在他的反撲之下，劉邦所率的諸侯聯軍很快戰敗。

從大贏到大輸，劉邦對自己與項羽對抗的能力有了更清醒的認識。他認為，硬碰硬，自己絕對不是項羽的對手，必須要想辦法轉輸為贏。

雖然劉邦在彭城遭遇了潰敗，一些諸侯紛紛反叛自己，但韓信在雎水南岸的陣營相當穩定。不久，不少流散的軍隊紛紛匯集到韓信那裡，很快他又迅速集結起一支數量可觀的軍隊。這樣一來，諸侯雖然反叛了不少，但劉邦的直屬軍隊和關中軍的主力還比較完整。

一天，劉邦秘密召見將領們，問道：「如果我願意放棄函谷關以東的統治權，讓給肯和我合作共同對抗項羽的人，那麼，你們認為誰可以充當這個角色呢？」

張良說：「當今天下，可以有效地協助我們對抗項王的只有三個人。第一個人是九江王英布。他是楚軍中除項羽以外最厲害的猛將。在滅秦戰爭中，他曾多次出任先鋒大將，出生入死，戰功卓著。但是，他僅被封為九江王，心裡非常不滿，和項羽之間是貌合神離。第二個人是彭越。他出身低微，和項羽一向格格不入。在分封時，他和田榮一樣遭到刻意貶低，對項羽非常不滿。他曾協助過齊國反項王，而且目前他已經掌控了梁國的大部分地盤。只要大王趕快派人與他們結盟，就足以讓項王傷腦筋了。至於第三個人，就是大王手下的韓信。韓信可以獨當一面。大王應該讓他獨立率領一支軍隊，和漢軍互為犄角。大王若想和他人分享天下，聯合了這三個人，便足以擊破項王了。」

劉邦聽了，覺得張良分析得有道理，便決定按照此計辦。在這三個人中，韓信是劉邦的部下，怎麼安排與授權，較容易解決；彭越和劉邦意氣相投，只要條件合適，也不難爭取；但是要結交英布卻比較困難。英布雖和項羽相處不愉快，但他是楚軍的首席大將，每次作戰時幾乎都是項羽的首席副手，要遊說他得有相當大的膽量和技巧。酈食其喜歡過分誇張，去遊說質樸而個性強悍的英布顯然不合適。於是，劉邦開始物色人才去執行遊說任務。

彭城敗訊傳出時，蕭何從關中守軍分出一部分軍隊去進佔了米倉滎陽，以避免楚軍和其他諸侯軍控制中原地區最大的糧倉。此外，蕭何還組織起了一支老幼大軍，加強關中地區的守備以及關中和滎陽間的聯繫和補給線的控制。

由於滎陽防衛陣地非常堅固，劉邦便率軍移駐滎陽。劉邦說：「只要蕭何還在，我就有拚戰下去的本錢！」

稍微安定下來後，劉邦就全力以赴地考慮如何去拉攏英布。此時，一個叫隨何的人自告奮勇去遊說英布。劉邦就派他去了。

派出隨何一行人以後，劉邦將大軍火速集聚在滎陽。一時間，在滎陽的漢軍聲勢再度大振：不僅有韓信率領的主力軍，劉邦率領的直屬軍，還有來自關中的補充軍隊。

此時，項羽也率軍直逼滎陽。但是，因為劉邦逃入滎陽後又迅速集結了大量軍隊，關中的援軍也到達了，滎陽的防禦工事非常堅固，項羽要想很快打垮劉邦絕非易事。氣憤之餘，項羽便派軍隊經常前來騷擾。劉邦也毫不示弱，在滎陽以南的京、索間擺好陣勢，公開向項羽叫陣。一時間，雙方互有勝負，一直呈膠著狀態。

楚、漢雙方形成了對峙的局面，項羽經常派騎兵攻打漢營，搞得劉邦很被動。為了改變被動的局面，劉邦也開始緊急籌組騎兵部隊。

大家公推原秦朝關中騎兵名將李必和駱甲為騎兵統帥，但他們說：「臣等是秦朝故吏，恐軍中將領無法完全信任我們，反而會影響騎兵的作戰能力。還是由漢軍大將中善騎者為統帥，我倆負責實際的訓練和領軍即可。」

於是，劉邦就任命灌嬰為中大夫令，統帥騎兵，李必、駱甲為左右校尉，負責率領騎兵作戰。

北方人擅長騎射，這樣劉邦的騎兵很快在戰鬥力方面超過了項羽的騎兵。項羽的騎兵雖然驍勇，仍不免被擊敗，很難侵入滎陽以西。

接者，漢軍在滎陽建立了堅固的基地，修築甬道將敖倉和滎陽接連起來，派軍堅守，準備和楚軍進行持久戰。如此一來，項羽就不得不與劉邦在滎陽展開對峙，這樣的局面從戰略上講，對他肯定是不利的。

對於任何人來說，要想幹成一番大事，要想戰勝強大的對手，就必須要有吃苦的心理準備，就必須要有打持久戰的心理準備。因爲他們所面臨的一切都是具有挑戰性的，是繁雜的，是不可能一蹴而就的。只有具有吃苦的心理準備，有打持久戰的心理準備，不折不撓地奮鬥，才有可能獲得最終的勝利。

劉邦與項羽博弈天下是如此，現代人博弈商海更是如此。

彼德．戈柏是索尼娛樂事業公司的總裁，這個企業的前身即是聞名全球的哥倫比亞電影公司。在競爭激烈的電影市場，彼德．戈柏與他的搭檔鐘．彼德斯共同為世界影視創造了一部又一部的經典之作，奧斯卡金像獎的桂冠也多次被他們公司攬入懷中，彼德．戈柏也因此成為電影界最有能力且最受尊敬的人之一。

權威媒體評價彼德．戈柏說：他能在這樣一個競爭激烈的行業中具有如此重大的影響力，一個原因是他具有其他人所未有的眼光，另一個原因就是他有一般人所不及的毅力。

拿電影《蝙蝠俠》來說，這部影片開拍之前，許多片廠主管都說這部片子毫無市場；他們認為除了小孩會去看之外，就只有蝙蝠俠這部漫畫的書迷肯掏錢進入電影院。經歷了一次又一次的拒絕和否定，這部影片險些胎死腹中。然而戈柏和彼德斯不顧接踵而來的挫折、打擊、失望和風險，終於堅定地走了下來，最終完成了這部電影。而這部其他人都不看好的電影，賣座率高居電影史上冠軍寶座。

再說著名影片《雨人》，這部片子在整個攝製過程前後就換了五位編劇和三位導演，其中一位導演還是大名鼎鼎的斯皮爾伯格。之所以數次更換是因為他們都認為觀眾不會有興趣看一部全片只有兩個人駕車橫越全美國過程中的對話，何況其中一位心智還有問題。雖然一再遭受挫折，但戈柏始終堅持自己最初的想法。最終結果也證明彼德·戈柏是對的，該片囊括了奧斯卡金像獎的四項大獎。

經過這麼多年的打拚，戈柏深深體會出只有堅持到底才會有收穫，只有擁有鍥而不捨的毅力才能獲得成功。

一個乞求立刻能看到結果的人往往放棄得也快，只有一個有毅力且能堅持到底的人才會達到人生的目標。沒有堅定的毅力什麼也幹不成。人生之中並非事事都如意，有時候我們訂下了目標，可是當遇到挫折時，或者是裹足不前，或者是另尋其他。沒有毅力堅持下去的人很難有所作爲。

有人說：**毅力是影響人生最重要的一項因素，它的作用遠超過個人的才華**。許多人之所以未能成功，就是因爲在差一點就能到達目標的時候放棄了。看看那些成功的人，他們無一不擁有超人的毅力。

5 背水一戰，置之死地而後生

一個人無論是博弈天下，還是博弈商海，總免不了會遇到不利的局面。此時，如果博弈者已無路可退，或者說已別無選擇，那麼不妨將自己「置於死地」，以喚起「求生」的本能。這一招雖然有點冒險，但如果運用得當，往往能讓自己獲得意想不到的收穫。

項羽雖擁有楚、梁的發達地區，但實際上梁國的大部分領土已經處在彭越的控制之下，楚國還有不少地區是由九江王英布、衡山王吳芮、臨江王共敖統轄的。而英布、吳芮、共敖對項羽已經頗有怨言，忠誠度和向心力大大減小。因此，項羽真正控制的區域僅彭城和江東地區而已，和劉邦控制的滎陽、關中、漢中、巴蜀相比，項羽並未占任何優勢。

當時，項羽曾努力想控制齊國，把齊國變成與劉邦博弈的堅強後盾，但是，他返回彭城後，留在齊國的數十萬大軍很快被田橫打敗，不得不退回楚國境內。由於項羽缺乏獨當一面的大將，只得親自全力以赴地對付滎陽的劉邦。

在劉邦和項羽對峙時，中原的魏、代、燕、趙倒向哪邊，哪邊就會佔優勢。而此時，韓信已經率軍征服了魏國和代國。劉邦率軍據守滎陽，實際上已經占了韓國的絕大部分領土。此時，關係到雙方實力消長的是偏向項羽的趙國。如果韓信再取得趙國，那麼項羽的處境就不妙了。

趙國原是中原的軍事強國，在秦始皇統一戰爭中遭受的打擊也最大。但在後來的起義戰爭中，趙國一直沒有突出的表現。只不過決定秦國敗亡的關鍵戰爭發生在趙國的鉅鹿。在鉅鹿大戰時，領導趙國參與鉅鹿大戰的是張耳與陳餘。但在這場戰中，張耳與陳餘鬧翻了。

張耳雖被項羽分封為趙王，但趙國的疆域因被一分為二，變成了趙國和代國，因而力量被嚴重分散，以致當陳餘聯合代國和齊國田榮進攻趙國時，趙國根本就無力抵擋。張耳恨項羽沒有給他提供足夠的支援，轉而投奔了劉邦。於是取得優勢的陳餘迎接趙歇回趙國出任趙王，自己出任趙國宰相，掌握實際統治權。

陳餘和項羽素有怨隙，不願投靠項羽，便和齊國的田榮組成第三勢力，企圖和項羽、劉邦三分天下。田榮被項羽擊敗後，劉邦曾想拉攏陳餘，但陳餘要求先殺張耳再談。由於南征在即，劉邦只好殺了長相類似張耳的死囚以取得陳餘的加盟，解除征楚戰爭的後顧之憂。彭城大戰後，劉邦退守到滎陽，陳餘發現張耳沒死，便又背叛劉邦轉向與齊國的田橫結盟。

韓信在攻滅魏國和代國後，接下來的目標便是趙國。在進攻趙國的戰爭中，張耳特別積極，希望迅速與陳餘一決雌雄。

那年十月，韓信和張耳率領二萬餘兵力進擊趙國。韓信的軍隊由魏國的平陽北上到代國的閼與，在進入河北平原之前，要先經過太行山脈。太行山脈北邊有一個地方叫井陘口。韓信和張耳的大軍便選擇了由井陘口穿越太行山脈，進入趙國的北部。

由於滎陽情勢緊張，大量的漢軍被迫部署在滎陽前線，再加上必須留兵守新征服的魏國和代國，韓信能夠帶到井陘的軍力非常有限。趙國則集結了二十萬軍隊前來對抗韓信。除鎮守各地的兵力外，到達井陘口的趙軍就有十萬，是韓信軍隊的五倍。

陳餘認為，自己百分之百必勝，便拒絕了部將李左車提出的襲擊韓信軍隊糧草的建議。他對李左車說：「韓信不但兵力少，而且遠師必定疲憊。如果依據將軍的建議避而不擊，豈不讓諸侯恥笑我們膽小怯戰嗎？日後，這就會成為諸侯欺負我們的藉口。」

韓信得知陳餘拒絕李左車的建議後大為高興，下令急速向井陘口進軍。到了在離井陘口三十里的地方，韓信下令停軍駐營，準備迎接即將來臨的戰鬥。

韓信對將領們說：「趙軍堅守在井陘口的壁壘上，如果看不到我軍的大將旗鼓，是不會輕易出關作戰的，因為他們害怕我們遇險而退。為了讓敵人相信我軍絕不後退，我想派出一萬人的部隊進入到敵人能看見的地方，背水列陣，這樣，趙軍就會傾城出戰。」

將領們搞不清楚韓信葫蘆裡賣的是什麼藥，便沒有反對。於是，韓信親率一萬人的兵馬在河邊佈陣。

趙國守軍立刻向陳餘報告。陳餘火速趕往關口，並從關上遠眺漢軍在河邊的陣式。陳餘不禁哈哈大笑，嘲弄韓信不懂兵法，並誇口天亮時一定能擊敗韓信。

韓信和張耳親自率領先鋒部隊出戰。破曉時刻，韓信升起元帥旗，然後大聲擂鼓，以方陣向關口發動進攻。陳餘下令開關迎擊。

韓信、張耳在前衝殺，漢軍士氣高昂，趙軍不能勝。關上的陳餘見狀，立刻親率大軍，傾巢而出。

然而，敵眾我寡，韓信雖力戰不懈，但仍無法抵擋趙軍，便逐漸後退。韓信下令盡棄鼓旗，火速退回到河邊的主力軍陣地。

趙軍隨後追趕，並直接攻擊水邊的漢軍陣地。韓信和張耳退入陣地中，指揮士兵們反擊。戰況激烈，雙方死傷慘重，趙軍無法有效突破漢軍陣地。於是，陳餘下令關上守軍全部出動，加入戰局。漢軍已無退路，只好全力應戰。

此時，埋伏在山上的漢軍乘機攻入趙軍關口，拔除所有趙軍旗幟，換上赤紅色的漢軍旗幟。

激戰數個時辰後，趙軍一直沒有有效地突破韓信的背水陣。將領們在力戰疲憊下，準備退回堡壘內。此時，趙軍發現關口堡壘已經被漢軍佔領，不禁大驚失色。

由於不知堡壘中的漢軍有多少，前線的趙軍無法回軍營，出現了一片混亂的局面。趙軍士氣因而崩潰，紛紛逃散。陳餘雖下令追斬逃兵，但仍無法遏阻混亂的局勢。

漢軍士氣大振，不禁齊聲歡呼，個個如同猛虎出籠般奮力追殺。結果，陳餘死於亂軍之中。不久，趙王歇被擒，趙國殘軍全部投降。

為了安撫趙國軍民，韓信派使者向劉邦建議，任命張耳為趙王，以便重建趙國的政治秩序。在衡量利害和實際需要後，劉邦批准了。

中原的大勢因此安定。項羽大爲緊張，雖數度派軍突擊趙境，但很快被韓信和張耳擊退。韓信也重新在趙國南邊建立堡壘，鞏固對楚軍的防務。不久，局勢便穩定下來，楚軍無力涉足中原，韓信因而能經常派兵前往滎陽，協助劉邦。這樣，在劉邦與項羽的博弈中，劉邦在軍事上逐漸扭轉了自己的劣勢。

背水之戰的主將雖是韓信，但也是劉邦善於御將的結果。這場戰爭的勝利既是韓信高超的軍事指揮藝術的體現，也是劉邦在戰略佈局上善於統御全域的表現，此戰在劉邦與項羽博弈天下的過程中，是可圈可點的一戰。

這說明，人們最出色的工作往往在處於逆境的情況下做出。思想上的壓力，甚至肉體上的痛苦都可能成爲精神上的興奮劑。

心理學研究證明，人在某種巨大壓力的驅使下，能使自己的體力和耐力達到正常情況下決不能達到的程度。一個神經錯亂的人，當他發狂時，爲什麼會有正常情況下所不可能有的體力呢？就是因爲人的身體具有潛在的能量。

在一次火災中，有個年齡很大的婦女居然把一個很沉的大櫃子從五樓搬到了樓下，大家都很驚訝，她居然有那麼大的力氣。事後，讓那個婦女再去搬那個櫃子，她怎麼搬都搬不動了。後來，四個強壯的青年費盡力氣才勉強地把櫃子搬回到原來的地方。可見，這位婦女在巨大的壓力面前，居然突破了自己身體的極限。

醫學研究已經證明，人的言談舉止、交際水準和心律、血壓、消化器官運動以及腦電波都可以受到精神力量的控制和影響。比如有的人不幸患了不治之症，但一旦心態積極起來振作了精神，決心與病魔鬥爭，想幹什麼就專心致志地幹什麼，最後竟創造出了生命的奇跡。正因爲這類事例各國都有，並有據可查，科學家們正在預言：終有一天，我們會發現人體有能力使自身再生。這不是指醫學的新發展——在人體內更換各種零件，而是指精神力量的巨大作用。

有這樣一個故事：

一天，拿破崙騎著馬正在穿越一片樹林，忽然，他聽到一陣呼救聲。於是他揚鞭策馬，尋聲來到湖邊。看見一個士兵一邊在湖裡拚命掙扎，一邊卻向深水裡漂去。岸邊的幾個士兵慌作一團，因為水性都不好，眼看著這位士兵有溺水的可能，卻都不知道該怎麼辦。

拿破崙問旁邊的那幾個士兵：「他會游泳嗎？」

「只能撲騰幾下！」

拿破崙立刻從侍衛手中拿過一支槍，朝落水的士兵大喊：「趕緊給我游回來，不然我就斃了你！」說完，朝那人的前方開了兩槍。

落水的士兵聽出是拿破崙的聲音，又聽說拿破崙要槍斃他，便使出渾身的力氣，猛地轉身，撲通撲通地游了回來。

拿破崙對那位落水的士兵說「斃了你」，讓他覺得自己陷入了絕境，不得不使出全部力量和智慧來自救。這就是心理學上所說的「急中生智」。

一般來說，人在承受意料之外的重壓時，都會產生極度緊張的情緒，心理學上把這叫作應激。當情緒處於高度應激狀態時，人的啓動水準快速發生變化，表現爲心率、血壓、肌肉緊張度發生顯著的變化，大腦皮層的某些區域高度興奮。在這種情況下，人們就可能急中生智，表現出平時沒有的智力或能力，做出平時不能做出的勇敢行爲，發揮出巨大的潛能，促使事情發生意想不到的轉變。

第三章

劉項集團的對決：能屈能伸才是真英雄

作為平民出身的帝王，劉邦在很多時候，最懂得的就是在適當的時候低下自己的頭。而作為劉邦對手的項羽，從一開始就是以英雄的姿態出現，從來都是讓自己高高在上，所以他最後的烏江自刎，其實是一種性格的必然。

1 扮豬吃老虎，適時「守拙」

劉邦是扮豬吃老虎的高手。不論是在他早期打江山之時，還是當了皇帝之後的四方平亂。只要需要，他都會用「扮豬吃虎」這一絕招。

現代管理中，鋒芒太露容易成爲眾矢之的。所以，某些時候守拙，扮豬吃老虎不失爲一種保護自己、打敗對手的好辦法。

起義之初，劉邦實力不強，聽從楚懷王的號令，為了讓人不知道他胸懷大志，在很多方面都主動向人示弱。在不顯山不露水的情形下，他借助這個時機招兵買馬，搜羅人才，充分擴充自己的實力。

進入咸陽後，面對咄咄逼人的項羽，劉邦再次扮豬。可以說，項羽是劉邦一生中面對的一隻最大的老虎。所以，劉邦在項羽面前扮豬的次數也最多。請項羽入咸陽是扮豬；「鴻門宴」上對項羽百般忍讓是扮豬；聽從項羽的安排，去做漢王也是扮豬；燒毀棧道，後來又「明修棧道，暗度陳倉」更是扮豬。劉邦一次次地扮豬，終於讓項羽這隻大老虎，漸漸變得疏忽大意起來。等到項羽發現自己面對的，不是一隻可以輕心的笨拙之豬，卻是一隻凶險的強虎時，已為時已晚。垓下一戰，項羽這隻「強悍的大老虎」終於無力回天，讓劉邦「這隻笨豬」給吃掉了。

劉邦當了皇帝後，最先是封韓信做楚王。就在韓信做了楚王的第二年，有人寫信向劉邦舉報韓信要謀反。劉邦把這封信拿出來給朝臣看，問大家該怎麼辦。當時，很多人都氣憤難平，說要馬上發兵去討伐韓信。書上的記載是要「擊而坑之」，意思就是發兵打敗他，把他埋了。但是，這一次，劉邦依然沒有直接去做「老虎」。

他私下問陳平意見，陳平說：「陛下，你覺得您手下的兵將有韓信的部隊精銳嗎？」劉邦說：「沒有。」陳平又問：「您手下的將領有韓信會打仗嗎？」劉邦說：「這怎麼可能！」

陳平就說了：「您的士兵不如韓信的精銳，將領也不如他會指揮，現在，還要發兵去和他打仗，不是逼著他造反嗎？就算他不想造反，您這樣一逼，他也得反啊！」劉邦一想：是啊，打是打不過的，但是，就這樣算了，好像也不行啊！造反可是大罪，現在有人這樣說韓信，我不過問，到時天下的諸侯都會跟著他學，那就不好對付了。

陳平就給劉邦出了個主意，這個主意，仍然是劉邦以前常用的「扮豬吃老虎」。

怎樣扮豬吃老虎？陳平的計謀是讓劉邦去南方狩獵，順便巡遊，也就是視察諸侯各國的意思。這個方法非常好啊，天下打下來了，沒有仗打了，皇帝四處散散心、打打獵什麼的是一件很正常的事情。韓信雖然懷疑劉邦可能要對付自己，但是，劉邦這次過來講明了是狩獵巡遊，他拿不準劉邦的「葫蘆」裡到底是賣的什麼藥啊。所以，韓信猶豫著，最終還是決定去見劉邦了。韓信去見劉邦時，沒帶兵去。當然，他也沒有空著兩手。韓信是怎樣去的呢？他是帶著一顆人頭去的。

項羽手下有個大將叫鍾離昧，是一員猛將，曾經在楚漢相爭時多次打敗過劉邦，劉邦特恨這個人。項羽敗了之後，鍾離昧因為韓信是老鄉，就跑到這邊藏在韓信家裡了。這次，韓信因為怕劉邦說他謀反，就讓鍾離昧自殺，然後，他帶著鍾離昧的人頭去見劉邦。

韓信雖然是帶著鍾離昧的人頭來的，但他見到劉邦後，還是讓劉邦抓起來給帶回京城關了起來。雖然後來劉邦大赦天下放了韓信，但也把他降了兩級，由楚王變成了淮陰侯。所以，史書上一直稱韓信為淮陰侯。做了淮陰侯的韓信，不准到他自己的封地去，被劉邦留在了京城。劉邦就這樣扮豬吃老虎，成功地把自己手下的一隻大老虎給吃掉了。

「木秀於林，風必摧之」，很多時候，真正有本事的人往往會遭到別人的嫉妒，會讓自己時刻處於危險之中。這種時候，扮豬吃老虎，往往是一種很好的自我保護方法。

明朝的建文帝朱允炆當了皇帝，開始對一些封為藩王的叔叔們不放心了，於是開始削藩。這些藩王中，建文帝最不放心的是燕王朱棣，因為朱棣的能力是所有的藩王中最強的。

不過，建文帝削藩，並沒有最先從朱棣那裡下手，而是先從別的藩王開始。等到所有藩王的權力都被奪得差不多了，朱棣也明白自己的處境危險了。建文帝派人在他的封地北平做行政官員，其實是暗中監視他。不得已之下，朱棣就想了一招：裝病。

朱棣有三個兒子，被建文帝留在京城當人質。朱棣稱病後，就向皇帝請求說：自己病重了，希望讓三個兒子回來見見自己。結果，建文帝真的放朱棣的兒子回了北平。

後來，有人向朝廷告密說：朱棣手下有人要謀反，被告的兩個人就被送到京城處死了。雖然朱棣的這兩個屬下很有骨氣，寧死也沒有說出朱棣燕王府的秘密。但是這個時候，危險對朱棣來說，是越來越近了。這次，裝病是躲不過去了，這時的朱棣就又想出了更厲害的一招：裝瘋。

朱棣是怎樣裝瘋的？他從王府跑到大街上大喊大叫，口中胡言亂語，也沒有人聽出他說的是什麼。然後，他還到處跑，看到別人在吃飯，他就過去搶來吃；看到酒店中有人喝酒，也過去搶了酒就喝。喝過之後，他又倒在大街上呼呼大睡。朱棣裝瘋裝得十分逼真，很快，整個北平城的人都知道燕王瘋了。

建文帝派到北平的地方官聽了這個消息，就借探視病情去打探消息。他們來到燕王府，只見朱棣身披被單，坐在火爐邊烤火。雖然是六月天，他還冷得渾身哆嗦。這兩個人將信將疑：這燕王是不是真的瘋了啊……

因為對這事不確定，所以建文帝也就遲遲沒對朱棣下手。等到他最終得到燕王要反的確切消息時，朱棣這邊已準備好了，最後以「清君側」為名，起兵造反了。朱棣以北平一隅之地敵天下，最終佔領南京，建文帝自焚身亡，朱棣登基做了皇帝，這就是歷史上有名的永樂皇帝。

想想朱棣雖貴爲皇子，但是在情急之下也不得不裝瘋賣傻來掩人耳目，可謂是扮豬吃老虎的高手。

情非得已之下的扮豬吃老虎，是一種委曲求全，是一種能屈能伸的大智慧的表現。聰明藏於內，拙相露於外，既可以保護自己不受傷害，又可以讓自己的對手消除戒心，等到時機成熟之時，就可以如深淵潛龍般一躍而上九天，獲得最終的成功。

職場之上，詭計機關無處不在，要想保全自己，最好的辦法就是守拙。這樣你就可以以靜制動，取得主動。我們可以看到，職場上表面聰明的人，往往會成爲眾矢之的。不光自己活得很累，而且還總是受到傷害。作爲一個公司的最高管理者，太過鋒芒畢露也往往會誤了自己。

三國時期的諸葛恪自小聰明過人，他父親諸葛瑾字子瑜，因為臉長得很長，經常被人取笑。有一次，有人牽一頭驢，在上面用紙寫上「諸葛子瑜」幾個字。諸葛恪看了，就拿筆在後面添上了「之驢」兩個字，紙條上的字就變成了「諸葛子瑜之驢」。開玩笑者驚歎於諸葛恪小小年紀就這樣聰明，於是，把驢送給了諸葛瑾。

很多人都誇諸葛恪聰明，以後會有大出息。只有他的父親諸葛瑾歎息說，此子聰明盡顯於外，這不是什麼好事啊！後來，諸葛瑾死了，諸葛恪做了吳國的大官，最後沒有得到什麼好的結果。

真正聰明的人，是不屑於用一些小聰明來表現自己的。

相信楊修的故事，很多人都知道。他聰明過人，卻不知道收斂自己的才華，結果處處得罪曹操，最後落個身首異處的下場。在曹操的眾多謀士中，很多人的才華能力肯定不比楊修差。只不過這些人皆因身處政治場上多年，非常明白聰明不能過於外露，不願意也不屑於用小聰明來表現自己罷了。後人經常歎息楊修如此才華，可惜讓曹操殺了。其實，依照楊修的性格，就算不被曹操殺掉，最終也不會落個什麼好結果。

一個人如果只知道處處表現自己，就不能客觀地認識自己的短處，也不懂得怎樣取人之長，補己之短。結果，往往不能真正發揮自己的聰明才幹。

一個聰明的管理者，如果不知道在關鍵時候「守拙」，扮豬吃老虎，也只有被老虎吃掉。只有知道在某種時刻隱藏自己的才能，暴露自己的短處給對方的管理者，才能在關鍵時候出其不意地化險為夷，轉敗為勝。

2 「厚臉皮」也是一種學問

厚臉皮是一種學問，臉皮薄者，總是書生意氣，受不了任何嘲笑和打擊，最後往往會失敗在與人過分計較上。而所謂的厚臉皮者，往往不會因爲別人的故意挑撥和譏諷，而去改變自己的理想。

劉邦在很多事情的處理上，能忍辱負重，所以被人稱爲厚臉皮。「大音希聲，大象無形」：論武力，劉邦和項羽是天壤之別；論智謀，劉邦也不一定比項羽強。但是有一點，劉邦卻比項羽強很多，那就是網羅人才。除此之外，還有一點，就是劉邦確實比項羽臉皮要厚。說好聽點，就是劉邦比項羽更經得住打擊。

想想在項羽自刎於烏江邊之前，劉邦受過項羽多少窩囊氣，打過多少次敗仗。但是他沒有一次氣餒過，就算是被項羽追得要扔自己孩子下車，他也沒有想到過要放棄。而項羽，只失敗一次，就橫刀自刎，喪失了東山再起的信心。

劉邦打敗項羽的時候，項羽還很年輕，只有三十一歲。可以說，項羽是少年得志，廿四歲起兵反秦，二十七歲成為西楚霸王。而劉邦起兵反秦時，已經四十八歲了，到當皇帝時，是五十五歲。兩個人年齡相差二十四歲，所以在處理問題上，劉邦一直比項羽老練得多。

楚漢相爭未決勝負的時候，項羽對劉邦這樣說過：「天下匈匈數歲者，徒以吾兩耳，願與漢王挑戰決雌雄。」劉邦自然不會上項羽的當，當時他是這樣回答項羽的：「吾寧鬥智不鬥力。」

以己之短，去敵項羽之長，劉邦當然不會做這樣的傻事。如果劉邦當時因爲面子問題受不了項羽的氣，而去和項羽決鬥，那只不過是徒送一條命而已，後人也不會有人因此說劉邦英勇，只不過是添一段笑話而已。

劉邦在和項羽相持的時候，韓信正在齊國那邊打仗。而且韓信這仗還打得很好，基本上平定了齊地。項羽派去援助齊國的大將龍且也被韓信打敗了，項羽這個時候開始擔心起來。龍且是項羽最得力的助手，如今龍且兵敗身亡，沒有人可以幫他了。劉邦這邊仗卻打得很為難，論打仗，他本就不是項羽的對手，而且他的部隊也不如項羽的。

韓信身邊有個謀士叫蒯徹的就對韓信說了這樣一番話，他說：「現在楚王和漢王的成敗其實全在你手上，你幫漢王，漢王就贏了；你幫楚王，楚王就贏了。但是最好的辦法是你誰也不幫，讓楚漢都不滅。這樣他們兩家都會怕我們，你就可以和他們三分天下。」

應該說，蒯徹的話是很有道理的，依照韓信的才能，在這個時候，是完全可以和楚漢鼎足而立的。但是韓信沒有，他想先在劉邦這裡弄點好處。於是韓信派人去對劉邦說：「齊國人的性格反覆多變，而且很有智謀，南邊又是楚國。現在齊地初平，如果不能有效地管理，會出很多麻煩。我想請漢王現在封我為齊國的假王，這樣才能有權威管理這個地方。」

劉邦本來以為韓信派人過來是商量幫助自己的事情，沒想到韓信卻是要爭地位，心中非常不高興，不禁罵道：「這時候我正是需要幫助的時候，他沒想來幫我，卻想自立為王……」

這時張良和陳平走到劉邦旁邊，輕輕踩劉邦的腳。劉邦趕緊不說話了。張良輕輕對劉邦說：「現在我們困在這裡，沒有辦法阻止韓信自立為王，您可以答應他，安撫好他，否則他會為了封王的事叛變的。」

陳平也說：「韓信現在的聲望和勢力都非常大，您要想辦法拉攏他，要不前面對他的恩情都會付諸東流。」

劉邦明白了自己的錯誤，但是自己剛才說了不同意，現在反悔，使者也看在眼裡聽在耳裡，如果他回去對韓信一說，事情就難辦了。韓信要是知道自己是被逼才答應的，不知道會發生什麼事呢。

於是劉邦把口氣緩和過來，裝著仍然生氣的樣子說道：「韓信也是，大丈夫既然想做王，就應該當真正的王，為什麼要做個假王？」假王只是暫時代理的王，韓信向劉邦這樣要求，是因為他也想到劉邦不會同意自己為王。

劉邦因爲自己的失態，怕引起使者的懷疑，所以特別讓張良代替自己持印綬去齊地封韓信爲齊王；然後指示韓信出兵攻打楚國，逼項羽後撤。

就這樣，劉邦充分利用自己的雙重臉譜，讓韓信相信了自己。等韓信出兵後，項羽就到了兩面受敵的地步，這個時候，任項羽英雄蓋世，也難免走上失敗之路了。

其實「厚臉皮」無非是讓你放下所謂的「面子」，解決問題才是首要，所謂「人在矮簷下，不得不低頭」。求人成事，臉皮薄、放不下清高的架子是不會成功的。

比如，項羽有充足的「自戀」資本，所以表現於外，就成了「愛面子」。項羽愛面子，當年在鴻門宴，見到劉邦，就對劉邦說：「這些事情都是你的手下曹無傷告訴我的。」這樣就把自己的責任推了個一乾二淨，省得背一個罵名。

同樣在鴻門宴上，項羽和劉邦同坐一席，項莊已經把劍取出來了，只要在劉邦的頸上一劃，江山無疑就是項羽的了，正如樊噲所言，現在人家是菜刀案板，我們就是雞鴨魚肉，人家是什麼時候想要剁一刀就可以剁一刀。可是任憑范增在那裡著急上火，又是使眼色，又是打暗號，項羽就是不為所動，讓劉邦這隻塞到嘴邊的鴨子飛走了。氣得范增大罵：「這小子真不能夠和他共事（豎子不足與謀也！）」

他遲遲下不了殺掉劉邦的決心，大概也是因為「面子」在作怪，唯恐因此而影響了自己在人們心目中的高大形象。他總覺得旁人不敢也不堪與他為敵。為此，他總想堂堂正正地擊敗敵人，不願玩弄手段。他寧願像鉅鹿會戰那樣在決戰中消滅劉邦，也不願趁劉邦謝罪之機擒殺對手。這樣，在充滿政治色彩的鴻門宴較量中，項羽自然會居於下風，劉邦自然以鯰魚般的滑軟占了便宜。

現在很多公司在招聘管理人才時，會把應聘者的臉皮厚薄當成應聘條件之一。這些公司認爲，如果一個人臉皮太薄，在面對陌生人或者是身處於一些重要場合時，顧及的只是自己的面子，這樣會失去正確的判斷能力。很多時候，很多重要的事情就是因爲面子問題耽誤了，錯過了最好的解決時機。

從管理的角度來說，不光要具有管理能力，更重要的是要具有和人相處的能力。厚臉皮者待人處事時，往往能落落大方，顯得更有形象。而一個人如果臉皮薄，很多時候就會顯得被動；作爲管理者，應該主動尋找機會，機會是不會主動來尋找你的。

更重要的一點，現代社會是資訊時代，一個敢於面對任何人、能夠和人相處融洽的管理者，更有機會得到更多的資訊。資訊不光決定了一個企業的成敗，實際上還決定了一個人的成敗。厚臉皮者，成功的機會往往會比別人多。

3 放低身段，才能足夠接近夢想

作爲平民出身的帝王，劉邦在很多時候最懂得的就是在適當的時候低下自己的頭。而作爲劉邦的對手項羽，從一開始就是以英雄的姿態出現，從來都是讓自己高高在上，所以他最後的烏江自刎，其實是一種性格的必然。

木秀於林，風必摧之，在那個風雲變幻的時代，要想生存下來，懂得適時隱藏自己是很重要的。

在回到灞上後，劉邦召集各縣有名望的人和他們約法三章：殺人者死，傷人和盜劫按罪處罰。然後他還廢除了前秦朝的一些酷刑和剝削百姓的法規，秦地之人奔相走告，想要劉邦留在秦地為王。身邊人也勸劉邦說：「秦國這地方現在是天下最富有的地方，比其他地方要富有十倍，地形也險要，是稱王成就霸業的好地方。現在前秦大將章邯已經投降了項羽，項羽封他做了雍王，也就是秦地的王，如果他來了，關中之地就沒有您的份了。您可以派兵去守住函谷關，不讓別的諸侯進來，然後在關中招兵買馬來增強您的實力。」聽了這些話，劉邦就真的派兵把函谷關守了起來。

項羽打敗了章邯，讓他投降自己，並封他為王，之後，就領著兵直奔關中而來，準備爭做關中王。項羽聽說劉邦已經進了關中，還派人守住函谷關，立刻大怒。他命令英布領兵攻打函谷關，自己帶著大軍直奔咸陽而來。

劉邦手下的部將曹無傷見項羽對劉邦不滿，就想討好項羽，於是偷偷地派人去對項羽說：「劉邦想做關中王，讓秦王子嬰做宰相，把秦國的財寶占為己有。」項羽大怒，亞父范增對項羽說，劉邦這個對手以後對他威脅最大，可以趁機用這個理由來滅掉劉邦。項羽於是讓士兵好好吃飽飯，準備第二天和劉邦作戰。

劉邦可犯難了，他手下只有兵十萬，而項羽手下有兵四十萬，而且項羽手下的兵的作戰能力早在之前和秦軍作戰時，各諸侯的部隊就都見識過。所以劉邦和項羽打仗，無異於以卵擊石。

這時候項伯，就是項羽的叔叔，和張良關係很好，他趁夜潛入劉邦營中去勸張良逃走。否則戰事一開，玉石俱焚，而張良只是一個書生，一點自保的能力也沒有。張良聽了項伯的話，卻說自己不能走，然後他去問劉邦：「沛公是不是真的要和項羽反目？」劉邦說：「是，別人對我說只要把守住函谷關，不讓別的諸侯進來，我就可以占住秦地這個天下最富有的地方為王了。」聽了劉邦的話，張良又問：「那你認為你現在能夠抵擋得住項羽部隊的進攻嗎？」劉邦想了很長時間說：「當然擋不住，但是現在我該怎麼辦呢？」

張良於是去把項伯拉來見劉邦，劉邦就設宴請項伯喝酒，還在酒宴上和項伯拉起關係來，定為了兒女親家。劉邦看著和項伯拉關係拉好了，就對項伯說：「我進關後，秋毫不犯，把所有府庫中的財物都封存著，就是為了等項將軍來。我派兵守函谷關，是為了守住關中之地，防止強盜入侵。我日夜盼著你們早點到來，怎麼敢造反呢?!您明天一定向項羽將軍解釋清楚這件事情，免得他誤會。」

喝了劉邦的酒，又結了兒女親家，項伯就答應了幫劉邦去說情。但是他對劉邦說：「這件事情只有你親自去向項羽說明，當面賠禮道歉才能得到他的原諒。」劉邦答應了，項伯也連夜返回了軍營。項伯回去後就對項羽說：「是沛公先行進攻關中，才能讓我們順利地進入函谷關。他算是有功勞的人了，我們不該懷疑他，這樣也會讓天下人寒心。」於是項羽取消了第二天進攻劉邦的計畫，並有了歷史上著名的鴻門宴。

宴會上，樊噲闖了進來。項羽見樊噲生得威猛，於是命人賜酒食。樊噲大口吃掉幾塊牛肉，喝了酒後，瞪著眼睛對項羽說：「沛公帶人先進入咸陽，一絲財物也不敢取，全部封存起來，等著將軍的到來。如今將軍卻聽信小人的讒言，誤會沛公，這不是讓天下諸侯寒心嗎？」樊噲一席話說得項羽低下頭，啞口無言。

這是劉邦第一次向項羽低頭，他主動去向項羽示弱，使項羽失去了進攻他的理由，從而保住了他以後和項羽爭奪天下的本錢。

劉邦第二次向項羽低頭是在項羽進入咸陽之後大舉封王的時候。項羽進了咸陽，先是對宮中的財寶和美女進行了大肆地劫掠，然後為了掩蓋自己做的事，又一把火燒掉了秦宮。這之後，項羽封了十九個諸侯為王，然後自封為西楚霸王，管天下兵權，並尊楚懷王為義帝。

最先進入咸陽的劉邦卻只被封了個漢王，管當時貧瘠的漢中和巴蜀之地。劉邦不願意了，他想馬上帶兵去和項羽爭個高下。但是劉邦的這個決定卻遭到了手下將領周勃、灌嬰、樊噲的集體反對。他們三人的理由是：現在劉邦的軍事實力根本沒法和項羽相比，這場戰爭完全沒有勝算。這時蕭何也出來說話了：「雖然在漢中做王是苦一些，但是總比白白犧牲要來得好些吧？」

劉邦問：「我去和項羽打仗就一定會輸嗎？」

於是蕭何就對劉邦說：「我們兵力不如項羽，如果去和他打仗，犧牲是必然的。再說，忍得一時之辱，卻建立了威信，商湯和周武王就是很好的例子。我做臣下的希望大王能夠現在進漢中，然後在那裡招攬有才能的人。讓人們對大王有了信心後，再去想辦法收復原來秦國的地方，這樣以後就有實力和項羽爭奪天下了。」

其實劉邦也並不是不明白蕭何說的道理，只是他自己心中有氣，說些氣話而已。於是劉邦再一次服從了項羽的分封，遠赴巴蜀和漢中做了他的漢王。

放低身段，才能夠接近自己的夢想。劉邦兩次向項羽示弱，正是他大智慧的表現。就是因爲他能夠忍受一時的氣憤，真正地認識到自己的實力，養精蓄銳，才有了最後東出陳倉古道，和項羽逐鹿中原的機會。如果劉邦當初意氣用事，當項羽對他表示懷疑和故意打壓他時，和項羽發生爭鬥，也許就沒有後來的大漢王朝，中國的歷史也就要從這裡改寫了。

4 「有用」和「無用」的處世原則

劉邦不僅是一個「手腕高手」，而且還是一個徹頭徹尾的實用主義者。他的勝利從某種意義上也可以說是實用主義者的一場勝利。

小混混出身的劉邦似乎從來都沒有受到過道德的約束，在他的腦海裡，似乎只有「有用」和「無用」兩種概念。所以，他所做的一切都是從實用的角度出發，凡是對我有用的人或事我就會全力支持；反之，就會棄之如敝屣。

早在劉邦還沒發跡前，劉邦就將實用主義的招數用得爐火純青。他愛結交朋友，但是最愛的還是那些能夠給自己帶來好處的朋友。例如官府中的蕭何、曹參等以及江湖上的龍頭老大王陵和雍齒等。因為他明白，這些人都可以給他帶來一定的好處。

果不其然，他在蕭何和曹參的幫助下，順利地謀得了亭長的職位，成了一名「國家幹部」。

而在王陵的幫助下，他成了沛縣的「頭面人物」，連另一位「大哥」級的人物擁齒也要讓他三分了。

可以說，劉邦的實用主義原則在他沒有發跡之前，就已經是根深蒂固，到了他做了沛公之後，更是讓這一招揮灑自如，如臂使指。

劉邦對人傲慢無禮，張口即罵，估計是連別人的祖宗三代都要牽連進來，要不然史書上不會濃墨記下這麼一筆。但是，劉邦對於一種人是從來不罵的——那就是對自己有用的人。你看，翻遍整個史書，你能找到他罵張良的憑據嗎？就是因為他覺得自己離不開張良，所以，從來就不罵張良，反而對張良言聽計從，唯恐得罪了張良；甚至因為張良，他對那位本來和他沒有什麼交情的韓王信也在表面上禮遇有加，因為他知道張良對韓王的感情——張良當年可是不顧自己的身家性命，在博浪沙以椎擊過秦始皇的。

由此可見，劉邦處理事情的第一原則就是實用。

想當初，酈食其來拜見劉邦，劉邦絲毫沒有想到一個年逾古稀的儒生能給自己能帶來什麼實質性的利益，所以，你看他接待酈食其的樣子：高蹺著兩條腿，斜倚在床邊，還有兩名年輕貌美的女子給他捶背洗腳，這架勢哪像一個率領幾十萬軍隊的領袖待人接物的方式呀？就是一個居家的小百姓，也不會這樣子來接待自己的客人。為什麼呀？就是因為劉邦的「實用至上」主義在作祟：你對我也沒有什麼用，我幹嗎待你那麼好呀？

但是，一旦酈食其給他獻出了一著兒妙計，你看他的態度立即就來了個一百八十度的大轉彎：立即整理衣服，把那兩名美女喝退，畢恭畢敬地對酈食其作揖施禮，立即待為上賓，設宴款待，好吃好喝地招待。

《史記》中是這樣記載的：「於是沛公輟洗，起攝衣，延酈生上座，謝之。酈生因言六國縱橫時，沛公喜，賜酈生食。」你看，隨著他逐漸明白了酈食其的作用，由「輟洗」，而漸至「上座」，直至「賜食」，一步一步地提高了對於酈食其的待遇，直至最後封酈食其為廣野君。

與此類似的還有陳平。陳平從項羽那邊過來投靠劉邦後，就得到劉邦的信任，這讓很多劉邦手下的老人不滿意。所以就有人到劉邦那裡說陳平的壞話，這些去舉報的人給陳平總結了很多罪狀，說他有「盜嫂」的風化問題，有受賄的經濟問題，甚至斷言此人是「反覆亂臣」，政治上絕對不可重用。總結為八個字就是：「盜嫂受金（與嫂子通姦，收受賄賂），反覆無常」。當時劉邦對這班兄弟的信任度，當然遠遠超過陳平，曾為此懷疑過陳平，還當面質問過，孰知陳平的回答十分坦率：「臣是奇士，人家不用臣，臣就要另找肯用臣的人，這就叫反覆？臣是光著身子來投效的，不受別人獻贈，靠什麼花費？臣貢獻計謀給大王，如果大王認為沒用，收受的錢財都在，就請交官，臣可以走人。」與此同時，把陳平推薦給劉邦的魏無知也說：「臣向大王進獻奇謀之士，只求對大王有用，至於風化問題、經濟問題，又何必計較？譬如現在有個人，品德高尚可與尾生、孝己這些古賢媲美，可是對大王沒有幫助，大王會用他嗎？」

劉邦本來就不是一個講求道德品行的人，聽了他們的辯解後，覺得陳平雖然有一些德行上的過失，但他的才能對於此時的自己來說更加可貴。於是，「深以為然」，忙向陳平道歉，請他繼續留在軍中，從此益加信任。陳平後來果然為劉邦屢出奇計，立下了大功。

在圍棋當中，有取外勢和取實地之分，通常性情比較奔放者善取外勢，而實用主義者則比較喜歡取實地。項羽應屬擄取外勢者，所以總是顧及自己的面子。而劉邦就是一個典型的實用主義者，一點一點地占到好處，壯大自己的實力，待機「暗度陳倉」，和項羽展開了楚漢之爭，最終贏得了天下。

5 冷靜沉著，處變不驚

「每臨大事有靜氣，不信今時無古賢」，沉著冷靜是一種高超的管理藝術，是一個人成熟與否的標準。領導者的沉著冷靜，在危急時刻能起到安定人心的作用，也能讓自己面對危險時可以綜合考慮各種情況後作出冷靜的判斷。古語云：勇者，驟然臨之而不驚。只有沉著冷靜，面對大事時才能表現出一種處變不驚的風度。

楚漢戰爭中，劉邦無數次身陷險境，爲何總是化險爲夷，直到取得最後勝利？當他面對一次次的失敗，一次次的重挫，又爲何總能頑強地重新來過？這多少應該歸結於他的沉著冷靜，處變不驚。劉邦就是靠著他的這些特質，來機智應對那些看似足以讓人崩潰的處境難題，最終轉危爲安的。

楚漢戰爭相持的階段，項羽派人對劉邦說：「你看這仗打了這麼久，弄得天下百姓都不得安寧，不如我和你決鬥定勝負吧。」劉邦當然不會中計，他對項羽說：「我不和你拚匹夫之勇，我要和你鬥智。」這話一說，項羽沒辦法了。但是，劉邦自己又想到，這樣說話在將士面前失了志氣。為了挽回面子，劉邦就想了一個絕妙劉邦站在離項羽的軍營很遠的地方，他估摸著項羽那邊用箭射不到他，就站在那和項羽喊話。當然，劉邦站在離項羽的軍營很遠的地方，他估摸著項羽那邊用箭射不到他，就站在那和項羽喊話。

劉邦大罵項羽，歷數項羽的十大罪狀。劉邦精神飽滿，聲音洪亮，罵得痛快淋漓。因為前面項羽要和他決鬥他不敢答應，丟了面子，所以他要在這樣的大罵中把面子找回來。項羽是個極愛面子的人，項羽被劉邦罵得臉上實在掛不住了，就想要對付劉邦。但是，想要對付劉邦又不容易，因為劉邦離得遠啊，要和劉邦決鬥劉邦又不應戰。項羽這邊就偷偷叫人準備好弓箭，想趁劉邦喊得起勁的時候，一箭射將過去，要了他的性命。

這邊劉邦罵得正高興，沒想到項羽這邊會射冷箭，最重要的是他沒想到箭能射得這樣遠。結果，這一箭正中劉邦的前胸。

劉邦中箭後疼啊，本能地彎腰，捂住劇烈疼痛的胸口。但是，劉邦反應特快，他立刻明白，在這種時候，自己不能叫疼，也不能讓對方知道射中了自己的胸口。於是，他沉著冷靜而又異常艱難地用手扶住腳，大叫：「哎呀，我的腳被射中了。」

劉邦這邊的人一看不好，劉邦被箭射中，馬上就來人把他給弄回去了。回去之後一檢查，雖然隔著厚厚的鎧甲，劉邦仍然被射斷了兩根肋骨。

劉邦斷了兩根肋骨，這是很重的傷了，一般人的話，可能就要躺著好好休息了。可是，劉邦不能那麼做，他不是一般人，他是漢王，他手下的將士都看著他呢。所以，等敷好藥後，手下的謀士就對劉邦說：「您不能這樣躺著休息，要不下面人知道您受了重傷，會軍心大亂。」於是，劉邦忍著疼痛起來，坐上戰車，去軍營裡到處巡視。這意思是讓下面的士兵看看，表示他沒事，能穩定軍心。

被射中胸口，卻謊稱是射到了腳；肋骨斷了，還能裝作沒事似的坐著戰車四處巡查，這就是劉邦作為一個領導者的沉著冷靜，他不但機智，而且還能忍受痛苦。

沉著冷靜是一種領導氣度，是一種高超的管理藝術，更是一種領導者的王者風範。當突發事件發生時，領導者的一舉一動，都會對部下的人心穩定與否起到至關重要的影響。作爲一個領導者，只有沉著冷靜，才能在關鍵的時候，對事情做出準確的判斷，做出好的決策。如果領導者驚慌失措，那麼，很可能因此失去了應有的判斷能力，無法做出正確的決定；或者因草率武斷，沒有經過好的分析和判斷而做出錯誤的決定。這樣的決定，在很多時候往往比不做決定的後果更糟。

冷靜不僅僅是一種個人的修養，更是成爲領導者的必備條件之一。對一個領導者來說，經常面對的是很多常人無法想像的困難。在這些困難面前，只有沉著冷靜，才能想出好的辦法來克服它們。冷靜也有助於領導者在面對一些突如其來的事情時，不至於驚慌失措，從而能更好地解決問題。

領導者的沉著冷靜，對下屬可以起到一種穩定作用。遇到有事發生的時候，如果領導能夠做到面不改色、鎮定自若，下屬自然也就覺得有了主心骨。而且，領導者在慌亂中做出的決定，也很容易出現錯誤。只有沉著冷靜，才能靜心地思考，才能做出好的決策。

6 不爭而爭，後來居上

「爭」，需要對手；而「不爭」，是想別人沒想過的問題，做別人沒做過的事情。「善勝敵者，不爭。」這個不爭最終是爲了更好地去爭，不是和對手爭，而是和自己爭，和自己爭就是要戰勝自我。這樣做的天之道，在於以「不爭」泯絕那些形名之爭，而得潛在的大勢態，「故天下莫能與之爭」。

在分封天下的過程中，項羽是絕對的主導者，劉邦是絕對的受害者。項羽人爲地製造了一些不平等，引起了諸侯的不滿。其實，天下諸侯能夠進關中，劉邦居功至偉，然而在分封中他卻受到了排擠。

不過，深諳博弈之術的劉邦，在深知自己的力量不如項羽時，順勢接受了項羽的分封，在天下人面前扮演了一個悲情、正義的受害者形象，不但激發了部下的忠心，而且贏得了天下諸侯的同情。

項羽在咸陽大擺威風，憑著雄厚的軍事實力，成為了諸侯的首領。如今天下諸侯齊聚咸陽，如何處理秦朝留下來的遺產，如何分配勝利果實，是擺在項羽面前最為迫切的任務。

很顯然，項羽的思維還停留在春秋戰國時代。關中對於他來說，是客居之地。他既對關中不感興趣，也無心成為秦王朝的繼承人。他並不想建立像秦朝一樣的統一王朝，只是想重建楚國，再以楚國為天下諸侯的霸主。

在項羽的部下中，有個姓韓的儒生對中原形勢比較瞭解，他向項羽建議：「關中地勢險要，有高山大河作為阻礙，是易守難攻的四塞之地，是建立大本營最好的地方。這裡土地肥沃、物產豐富，可以為我們一統天下提供足夠的物質保障。」

這種意見其實是相當務實的，對項羽集團的未來發展很有幫助。但是，項羽並沒有這樣的戰略眼光。他覺得自己千辛萬苦才滅亡了宿敵秦國，現在最重要的事情是趕快回去向江東父老報喜，讓自己的努力成果得到大家的肯定。於是，項羽拒絕在關中建立大本營，決意分封諸侯，自己出任霸王。

不過在處理天下大事時，項羽對楚懷王和劉邦這兩個人最感到頭痛。

因為楚懷王是項梁所立，代表著楚國的正統力量，在名義上是項羽的頂頭上司，而且懷王對項家軍素無好感，宋義被殺事件又進一步加深了楚懷王和項羽間的矛盾。尤其讓項羽感到氣憤的是，火燒咸陽後，項羽派人向楚懷王請示如何處理關中地區的善後工作時，楚懷王竟然回答說「如約」。「如約」就是依照事前約定，由先入關中的劉邦出任關中王。這兩個他不喜歡的人相互支持，當然讓他暴跳如雷了。

項羽曾向支持楚懷王的范增埋怨說：「懷王真的是楚王室的後代嗎？」范增卻冷靜地表示：「當年為了和秦王朝對抗，楚懷王對我們是非常有利的啊！」范增認為，不妨將楚懷王提升為有名無實的「王中之王」——天子，而由項羽出任真正有實權的群王領袖——霸主。

范增的回答使項羽意識到，楚懷王只是自己利用的「道具」而已，如今情勢轉變，楚懷王已經不那麼重要了。於是，他就毫無顧忌地對諸侯說：「懷王乃是由我項家所擁立，其實，他並沒有什麼真正的功勞，所以沒有資格再向天下發號施令。當時天下共同抗秦，為了集結力量，統一行動，所以假立諸侯以為號召。但是三年以來，真正『披堅執銳』在前線領導抗秦大軍，冒險死戰，最終滅秦而定天下者，是在座諸君和我項籍的功勞，絕非懷王之功！不過，懷王雖無功勞，但他也扮演了他的階段性角色，在他不再擁有實權的同時，可以分給他一些土地，讓他繼續為楚王便是了……」

諸侯懾於項羽的威勢，沒有反對他的建議。不久，項羽又尊奉懷王為義帝，將義帝遷居於長江上游，建都於今長沙一帶的郴縣，讓他遠離中原的政權所在地。這樣，項羽憑藉強大的軍事實力，強行解決了懷王問題。

但懷王問題解決後，劉邦問題也擺在了項羽的面前。雖然說此時的項羽根本不把劉邦放在眼裡，但劉邦問題和懷王問題扯在一起，讓他解決起來還是感到有些棘手。況且，劉邦的實力也不可小覷，而且他在關中一帶頗得民心。項羽認為，如果依照懷王原先的約定而立劉邦為關中王，他心裡確實感到很不舒服，心有不甘；但如果不給劉邦以較大的封國，又顯得自己是在有意打壓劉邦，顯得自己太小心眼，畢竟天下諸侯有目共睹，劉邦是第一個進咸陽的人。於是項羽將劉邦封為漢王，分封到了巴蜀之地。

項羽分封天下諸侯完全是憑自己的喜好。分封諸侯是敏感又複雜的問題，單憑個人感情處理這些事情，肯定會引起一些諸侯的不滿。

項羽根據個人的好惡分封諸侯，得罪的不僅是劉邦，而是一大批諸侯，同時也在諸侯之間埋下了矛盾的種子。果然，項羽分封諸侯後，一些不滿的諸侯王不願去封國，紛紛舉起了反叛項羽的大旗，項羽很快陷入了四處征討的被動局面之中。而劉邦卻安安心心去封國，韜光養晦，在項羽與其他諸侯廝殺得不可開交的時候，很快地積蓄起強大的力量，擁有了與項羽爭雄天下的資本。

由此可見，所謂「不爭而爭」，並不是說什麼也不爭，而是棄其小者，爭其大者；棄其近者，爭其遠者。無論是在政治還是商海博弈中，當自己明顯處於不利的地位或處境時，一定要克制自己，千萬不能因衝動而失去理智，以非對非，而應該忍辱負重，以包容的氣度和曠達的處世態度去爭取世人的同情和理解，以便爲自己扭轉局勢贏得更多的支持。這樣做往往會化不利爲有利，最終爲自己贏得轉機。

第四章

劉邦的創業：良好的人際關係是成功的基石

劉邦尊重人才，講義氣，重感情，不自私自利，也不求自己表現。有福大家享，有難自己扛，相信別人，事事寬容，這種人在變化多端的亂世，是最容易脫穎而出的領袖人才。

1 以信陵君為偶像，廣交朋友

現代的人們有一種觀點：一個人的成功，百分之三十靠的是學識，而百分之七十靠的是良好的人際關係。成功在很大程度上取決於你擁有多大的權力和影響力，與恰當的人建立穩固關係對此至爲關鍵。由此可見一種良好的關係對於一個人的成功有巨大影響力。

劉邦對於「關係」的認識很獨到，而且對「關係」這種資本的認識和運用大概是有幾分天賦的。他從小心中就有一個偶像，非常崇拜一個人，也算是一個「追星族」。不過他追的「星」可不是一般的人物——這個人就是大名鼎鼎的信陵君，名列「戰國四大公子」之一。

戰國末期到秦帝國統一期間，最讓市井人物感動的名人，便是那些門下門客眾多的士大夫了。這種勇於打破階級觀念、禮待有才能人物的貴族領袖，在民間總有著很多膾炙人口的傳聞。所以，這種對於「雞鳴狗盜」之輩都能夠平等相待的人，深得平民階層的愛戴。

當時收養門客名聲最大的是所謂的「戰國四大公子」：「齊有孟嘗（田文），趙有平原（趙勝），楚有春申（黃歇），魏有信陵（無忌）」（賈誼語）。司馬遷爲此四君立傳，都曾提到他們的門客的事蹟。這些門客在關鍵時刻所發揮的作用，如《孟嘗君列傳》中提到馮煖以及雞鳴狗盜的事，《平原君列傳》中提到毛遂，《春申君列傳》中提到朱英。但比較起來，最善於結交人才的當屬信陵君魏無忌，而且他得到門客的幫助也最大。

因此在劉邦的心目中，最值得模仿、尊敬的是信陵君。可以說信陵君魏無忌是劉邦關係學的入門老師。

劉邦對於自己關係學的入門老師的敬仰並不是偶然的，而是因爲信陵君是歷史上有名的精通「關係資本論和方法論的高手」。

信陵君在戰國時期可是聲名顯赫的人物。他是魏昭王的小兒子，名叫魏無忌。魏昭王死後，無忌同父異母的哥哥即位，就是魏安釐王，冊封無忌為信陵君。這個信陵君身為貴族公子，卻絲毫沒有貴族的傲慢習氣，相反，他禮賢下士，愛結交三教九流，「士無賢不肖皆謙而禮交之」，這一點劉邦倒是和他十分相像。當時投奔到信陵君門下的門客有數千人之眾，還有無數的情報人員分佈在各地。所以就有了信陵君門下有「食客三千」的說法，在那個時代，估計只有齊國的孟嘗君可以與之媲美了。

正是由於信陵君善於結交天下豪傑，所以他的實力是很大的，不過「物極必反」，這也給他帶來了一些麻煩。

有一天，他和魏安釐王遊戲賭博，正玩得高興的時候，魏國北部邊境燃起烽火，警報一路傳來，說是趙國的軍隊衝過來了，即將侵入魏國國境，嚇得魏安釐王要緊急召見大臣共商對策。信陵君卻笑了笑說道：「哪裡是趙王要越境來犯呀，他不過是在打獵罷了。」拉住王兄繼續遊戲。

後來，新的報告送來了，果然說是一場誤會，趙王是在打獵，邊境平安無事。魏安釐王心裡這塊石頭才放下來，不過心裡卻再也平靜不下來了。他對於信陵君的情報能力感到非常吃驚，便問信陵君：「公子是怎麼知道趙王在打獵呀？」信陵君微微一笑說：「趙王身邊有我的人呀，他的一舉一動我隨時都會知道。」聽了這話，魏安釐王從心底感到一絲涼意了，心想：「趙王的身邊都能夠安插你的眼線，那我的一舉一動是不是也全在你的眼皮底下呢？」從此，魏安釐王對於自己這個兄弟就不再信任了。

其實，魏安釐王是一個才能平庸的人，不過他在位期間倒也沒有什麼麻煩，其中關鍵的因素就是因為信陵君手下有許多門客的緣故。各諸侯國十多年不敢起兵犯魏，正因為害怕信陵君門下這三千食客。

信陵君結交朋友的時候從來不問地位高低貴賤。屠販沽酒、抱關（即看門人）博徒之類，均可以成為他的座上客。在魏國的都城大梁有一個看守城門的老頭侯嬴就是他的座上客。侯嬴已經有七十多歲了，在魏國都城大梁的一個城門看門。信陵君聽說了他的賢名，就讓人帶著豐厚的禮品去請他。但是這個倔老頭子就是不肯答應來見信陵君，不給信陵君這個面子。信陵君並沒有生氣，他不覺得是侯嬴架子大，而是覺得自己還沒有足夠的誠意，所以準備日後再與侯嬴接觸。

有一天，信陵君大宴賓客，受邀的客人有魏國的達官貴族以及門下的食客，宴會還在準備之中，他想邀請侯嬴為上賓，便特地帶領車騎前往那個城門，恭恭敬敬地拉住侯嬴的手，請求侯嬴前去赴宴。衣冠不整的侯嬴乘上信陵君的馬車，就像坐自己的車子似的，對信陵君說：「我找一個朋友有點事，能順便去一下市場嗎？」

他說的這位朋友，是一個叫朱亥的屠夫。據侯嬴講，朱亥也非尋常之輩，乃是一位隱居市井韜光養晦的俠客。車子駛入市井人群擁擠之處，不一會兒朱亥的身影就出現了。侯嬴下車，與朱亥站在那裡說話。

侯嬴與朱亥談笑風生，讓信陵君在那裡等著。而宴會那邊，那些魏國的諸位公子、文臣武將和名氣大一點兒的食客，都在焦急地等待信陵君的歸來。信陵君回來，宴席才能開始。

侯嬴和朱亥在那裡東一句西一句地東拉西扯，而信陵君卻始終保持著溫文爾雅的表情，在車上靜靜地等候。他的一片誠心，終於感動了侯嬴。

侯嬴向信陵君介紹了這位屠夫俠客朱亥，兩個人都成為了信陵君的座上客。後來，這兩個人都為信陵君立下了赫赫的功績。

魏安釐王二十年，秦軍大舉進攻趙國，兵圍趙國都城邯鄲。趙王和他的弟弟平原君向魏國求救，安釐王派大將晉鄙率領十萬大軍去援助，秦王馬上派人警告他：你敢多管閒事，等我收拾完了趙國，就來教訓你！嚇得魏安釐王馬上命令晉鄙留在鄴城，按兵不動。平原君的夫人是信陵君的姐姐，看著魏安釐王見死不救，連連向小舅子告急。可是信陵君沒有兵權，哪裡能指揮得動晉鄙呢？

這時侯那個看門的老頭兒侯嬴就給信陵君出主意：「我聽說魏王把調動軍隊的兵符藏在臥室裡，只有他最寵愛的如姬才可能偷到手。我又聽說這個如姬的父親被仇家殺了，魏王三年中動用了多少人，也沒找到兇手，還是你讓自己的門客殺死了兇手，給她報了仇，所以如姬一直想要報答你，如果你能夠讓如姬把兵符盜出來，事情就成功了一半。」

信陵君聽從了他的話，如姬果然將兵符偷到手中。侯嬴又說：「此事非同小可，晉鄙就是見了兵符也不一定就會把軍隊交給你，你把朱亥也帶去吧。他是力士，晉鄙交權最好；不交的話，就當機立斷讓朱亥殺了他。」

侯嬴對信陵君說：「我本來是一個低賤的人，蒙受公子如此高看，我無以為報，我會算計著你到達的時間，以死來報答你的恩情！」

事情果然按照侯嬴的預期發展。晉鄙不相信信陵君的話，不肯交出軍權。朱亥就從袖管中甩出四十斤重的大鐵錐，砸死了晉鄙，使信陵君順利地掌握了軍權，最後成功地解救了趙國。

看門老頭兒侯嬴也實現了自己的諾言，算準了信陵君抵達鄴城的日期，面向北方，拔劍自刎。

但是解了趙國之圍的信陵君不敢回魏國去了，他留居趙國十年，在那兒又交了不少朋友。這時候秦王聽說信陵君不敢回魏國，趁機發兵攻魏。魏安釐王這時才感到了害怕，明白了信陵君對於魏國的重要性，趕忙將信陵君請回國，讓其掌管軍權。各國諸侯聽說是信陵君掌兵，都派來軍隊聽他調遣。結果由信陵君統一指揮的多國部隊將秦軍打得落花流水，一直追到函谷關前，嚇得秦軍閉關自守，不敢出來了。

信陵君憑藉自己的「關係」爲保衛魏國立下了大功，也正是憑藉這一點贏得了劉邦的崇拜。

司馬遷在《史記》中曾經寫道：高祖早在青少年時就一直聽說他的故事，仰慕得不得了。等當上皇帝以後，每次從魏國故都大梁經過，都要去魏無忌的紀念館（祠）虔誠祭祀。高祖直到去世那一年，東征英布歸還時，又特地下命令，爲魏無忌設置一批看守墳墓的專業戶，其職責就是世世代代，「歲以四時奉祀公子」。

在實際生活中，劉邦也是和信陵君做的基本上差不多，也是販夫走卒、三教九流無所不交，領著自己的一幫弟兄到大嫂家混飯吃也正是其善於搞「關係」的一個明證。所以，才有那麼多人願意爲劉邦做事，甚至不惜犧牲自己的生命爲劉邦出力。例如在滎陽之戰中爲劉邦當替身被項羽殺死的紀信。

紀信是劉邦的老鄉，從小就與劉邦一起玩耍，劉邦起事的時候就追隨劉邦東征西殺。西元前二〇四年五月，楚漢戰爭進入最為緊張的時候。漢王劉邦及其部眾被楚軍長期圍困在滎陽城裡，內無糧草，外無援兵，戰事對劉邦極為不利。企望依靠城中軍民固守孤城，與項羽繼續抗衡，已經不可能了。那麼，如何殺出重圍，保衛漢王擺脫絕境，保存漢軍主力，不使全軍覆沒呢？漢王的謀士們煞費苦心，終於想出了一個偷樑換柱的計策。

這一天，夜深人靜的時候，被圍困在滎陽城內的漢軍突然打開了東城門，楚軍以為漢軍要在夜間突圍，便把軍隊集結在城東，大聲叫喊著，立刻縮緊了包圍圈。在朦朧的夜色中，只見兩千多漢軍官兵簇擁著一輛黃色傘蓋的馬車，朝城外衝殺出來。很快，他們便陷入了數萬楚軍的刀槍陣中。

正當項羽為俘獲劉邦高興的時候，才發現自己高興得有點兒早了，這位乘坐黃傘蓋的並非是真正的漢王劉邦，而是劉邦的手下紀信。

就是這位紀信將軍，當他看到滎陽城中已無險可守時，趕到漢王處談了自己替主假降的設想。因為情勢緊迫，大將陳平與其他幾位謀士一起苦諫漢王，採取了紀信的突圍之策。

等項羽知道實情去追擊劉邦，劉邦已逃回關中。項羽氣急敗壞，下令燒死紀信。

紀信於危急關頭，捨棄了自己的性命來換取劉邦的安全逃脫。這一點和侯嬴、朱亥捨生報效信陵君是多麼相像。

紀信隨劉邦征戰多年，連妻子都沒有討上。劉邦稱帝後，要追封他，他不但沒有妻子兒女或者兄弟姐妹可以封賞，甚至連父母長輩都沒有。劉邦心裡實在過意不去，尋訪多年，也沒有什麼結果，最後封了一個名叫陳倉的人做「紀信侯」。封侯一般是以封地作為封號，以人名作為封號的大概只有「紀信侯」這獨一份了。

劉邦把信陵君當作自己的偶像，廣交朋友；也一直以「信陵君」爲榜樣，尊重人才，講義氣，重感情，不自私自利，也不求自己表現。有福大家享，有難自己扛，相信別人，事事寬容，這種人在變化多端的亂世，的確是最容易脫穎而出的領袖人才。

2 朋友的品質決定競爭力

在現代商業社會，要生存要發展就必須具有較強的競爭力。人與人間的競爭不僅包括才能、素質等方面，還與人際關係有關。有好的人緣，做起生意來就會得到眾人的支持，在有對手的競爭中就會處於優勢地位。而人緣差的話，在你困難的時候就得不到幫助，甚至還會有人乘機跳出來踩你兩腳。所以說，朋友也是評估一個人競爭力大小的標準。朋友多，人脈廣，在商場上的競爭力就更強。

在劉邦的早期人脈中，無論是「官場朋友」蕭何和曹參，還是「市井朋友」盧綰、樊噲、周勃和夏侯嬰，都是他後來博弈天下的得力助手。在劉邦博弈天下的過程中，他們無不給予無私的支持，幫助劉邦從布衣開始，趁秦末天下諸侯紛爭之際，由弱變強，逐一擊敗各對手，建立了漢王朝。

西元前二四七年的一天，劉邦降生到了這個世上。同一天，豐邑中陽裡有戶盧姓人家，也生了一個男娃娃，取名盧綰。由於劉、盧兩家是世交，又同日添丁，自然是皆大歡喜，鄰居們更認為是雙喜臨門，於是，兩家都大擺排場，風風光光地熱鬧了一番。

劉邦與盧綰從小感情很好，經常在一起玩耍。劉邦頗有領袖氣質，處處喜歡當老大；盧綰個性溫和，比較安守本分，因此也樂於為劉邦搖旗吶喊。後來，劉邦起兵反秦，盧綰一直追隨劉邦，參與諸侯博弈，雖然表現平平，未曾建立大功，但因為非常尊重劉邦，所以也頗受劉邦重視，劉邦建漢後，盧綰被封為長安侯，隨後又被晉封為燕王。

劉邦的家境比較好，而且他在家中又是最小的兒子，幹不幹活都沒有多大關係，更何況他又是家中唯一有點學問的人。在父母的放縱之下，他漸漸地成了天不怕地不怕、對世事不太計較、什麼都不在乎的「浪蕩兒」。

由於劉邦手頭上比周圍的夥伴寬裕得多，而且花錢比較大方，所以很受同伴歡迎，跟在他旁邊起哄的嘍囉越來越多。加上他個性豁達，為了「面子」，什麼事都可以答應下來，許多人都喜歡與他打交道。

當時，秦朝的法律非常嚴酷，交通又不便利，一些地方官員覺得要管理好一個地方非常不容易。於是，他們也常常借助於地方上一些有聲望的人協助管理。沛縣的一些官吏也特別喜歡和劉邦打交道，遇到麻煩事更喜歡找劉邦幫忙。這使劉邦的知名度越來越高，人脈關係愈來愈廣。這也是後來劉邦能夠當上亭長的原因之一。

在此期間，劉邦認識了蕭何和曹參，而他們後來都成為了劉邦博弈天下的得力助手。

蕭何和曹參都是沛縣人，蕭何和劉邦又是老鄉，都是豐邑鄉人。蕭何從小接受過良好的教育，文辭通順流利，於是得以出任沛縣的主吏掾，也就是管理人事和文書的官員。曹參是沛縣的獄掾，專管縣中的問題人物。他們的職位雖然不高，卻也是沛縣頗有影響力的人物。

蕭何個性溫和又富有寬容心，工作認真謹慎，脾氣又好，擅長折衝談判，而且頗有眼光，善於獨立思考，雖然上司很欣賞他，有意推薦他到咸陽做官，但是他預感到秦帝國快大難臨頭了，天下將再次陷入紛亂，去中央不如待在地方，因而婉言謝絕了。由於他專門負責人事考核，所以對沛縣的人才頗為關注，而劉邦人緣好，又非常豪氣，自然引起了他的注意。蕭何認為，像劉邦這樣的人，很可能是亂世中的英雄人物。於是，他推薦劉邦當上了泗水亭亭長，以便更進一步瞭解他。而劉邦當時也很尊重蕭何，有什麼事都會主動和他商量。在當亭長期間，劉邦常對蕭何說：「好吧！反正聽你的就是了。」劉邦這股相信人便信到底的豪氣，使蕭何對他非常傾心，這是他後來願意追隨劉邦博弈天下的重要原因。

曹參個性豪邁，但卻粗中有細，和劉邦可謂意氣相投。他最傾心於劉邦慷慨好施、待朋友一視同仁、善惡兼收的個性。

此外，在劉邦的人脈中，最忠心、最講義氣的朋友還有那些「市井兄弟」。除了同年同月同日生的夥伴盧綰外，樊噲、周勃、夏侯嬰對他都忠心耿耿，雖肝腦塗地，也在所不辭。他們都是劉邦後來博弈天下的重要班底。

樊噲是殺狗的屠夫，力大無窮、虎背熊腰，善於搏擊，性格粗中有細，為人忠誠，沉默寡言，從不為自己的利益著想，講義氣，重友情，與劉邦的感情非常好。樊噲賣狗肉時，借助劉邦的人脈，生意特別好，因此只要劉邦有事，樊噲即使是赴湯蹈火，也在所不辭。

通過樊噲的介紹，劉邦認識了從小練武的周勃。周勃個性深沉厚重、不苟言笑，所以朋友很少，大家對他都「敬而遠之」。但劉邦對周勃的武勇又不求表現頗有好感，一向熱情大方的個性，使他輕易地突破了周勃的「人際防線」。他常常刻意地對周勃表達親熱和信任，這使周勃深為感動，並最終成為劉邦手下非常忠誠的一員大將。

在劉邦的「市井朋友」中，最特殊、對他的人脈影響最大的是身為縣府馬夫的夏侯嬰。夏侯嬰與劉邦個性相似，熱情而又喜歡開玩笑，只是更為機靈幹練。兩人惺惺相惜，講話特別投機。夏侯嬰鬼點子多，擅長交際，成了劉邦的首席「狗頭軍師」。劉邦對他言聽計從，夏侯嬰也自覺很受重用，大有「士為知己者死」的使命感。

同在縣府辦事的蕭何很奇怪夏侯嬰的行為，搞不明白縣府的官吏怎麼會喜歡去做一個平民的嘍囉，便向夏侯嬰問明個中原因。夏侯嬰向蕭何講述了劉邦的人格魅力後，蕭何就開始注意劉邦了。在某種意義上說，是夏侯嬰向劉邦介紹的蕭何。

有了一幫嘍囉的吹捧，劉邦的名氣越來越大，志向也越來越高遠，他開始刻意模仿孟嘗君的所作所爲，有意識地結交各種朋友。如此一來，他的人脈資源就更加豐厚了。

當今社會，朋友對你的發展帶來的影響越來越大，所以，我們除了要努力加強自己的才能外，還要注意搞好人際關係，讓自己有個好人緣，這樣才能適應日益激烈的市場競爭，並在競爭中取勝。

學歷、金錢、背景、機會……也許這一切你現在還沒有，但是你可以打造一把叩開成功之門的金鑰匙——朋友。在這個朋友決定輸贏的年代，你不要奢望自己像武俠小說中的高手，靠一身武功就能稱霸天下，而應該把自己打造成站在巨人肩膀上的英雄。

3 團隊協作的力量

劉邦善於借助「關係資本」，也沒少從這些關係中獲益。他之所以能夠坐上「亭長」的位置就是因爲他善於搞關係，有個好人緣的緣故。

秦朝時候還沒有科舉制度，所以當時秦國選拔吏員的方式比較靈活，方法很多，有耕戰仕進、學校培養和鄉里推擇等好幾種。所謂耕戰仕進，就是靠戰功或者多打糧食多交皇糧才能夠混個一官半職；而學校培養就是「學而優則仕」的老路。對於劉邦這樣遊手好閒，東遊西逛的混混來說，「耕戰仕進」當然沒有他的份了。他又不愛舞文弄墨，「學而優則仕」的路子自然也輪不上他。所以，唯有一條「鄉里推擇」的路子了。

鄉里推擇，就是由鄉里的父老推薦，由政府選擇，推擇的標準首先自然是品行，然後看文化水準和個人才能的高低。當年韓信就是過不了品行這一關，「不得推擇為吏」，才落得個淮陰街頭鑽人家褲襠的結果。由此可見當時選擇官吏還是蠻嚴格的。

這就出現了一個問題：連被自己的父親也罵為「無賴」的劉邦，當然比韓信更加「無行」，他是怎麼當上泗水亭長的？這就是劉邦善於運用「關係方法論」的作用所在。

劉邦之所以能夠當上亭長，就是靠關係。總結起來，也就是「上下左右」一個合力的作用。

下，自然就是鄉里的推薦。說到鄉里推薦，我們首先就要說說這個「鄉里」是怎麼回事。這個「鄉里」和我們現在說的「鄉里鄉親」的「鄉里」意思不太一樣，是由「鄉」和「里」兩個單位組成的。所謂的「鄉」，和現在的「鄉」的概念大概差不多。而「里」是比「鄉」低一級的行政單位，是春秋以來各諸侯國普遍實行的一種編戶和管理制度。它的實際形態就是一個四周用圍牆圍繞起來的封閉型村莊，類似現在城市裡邊的一個社區，供人出入的大門晨啟暮閉，有嚴格的時間規定。政府的政教實施、賦稅收取、徭役徵調，甚至是刑罰慶賞，一切活動都要通過這個「里」來實行，可以說，「里」就是帝國的神經末梢，就像一個原子一樣，是帝國政權的最基本的組成單位。

當時的傳統，「里」的領導核心叫作「父老」，有時也叫作「父兄」。平時我們總說的「父老鄉親」，實際上就是由「父老」和「鄉親」兩部分組成的，實際上也就是由「領導」（父老）和「群眾」（鄉親）組成的，而不單純是「鄉親」的意思。

我們仔細揣摩「父老」或者「父兄」的含義，實際上就是把居住在同一「里」，也就是同住在一堵牆之內的居民當成了一個家族，「父老」或者「父兄」就是家長，其餘的人呢，就是與之相對應的「子弟」或者「兄弟」，也就是「鄉親們」。

劉邦的父親有些資財，在鄉里當然有些發言權，大概也應算得上是「父老」級的人物。還有，他家的鄰居盧太公也與他們交情甚厚。盧太公有個兒子盧琯，和劉邦是同縣同邑同鄉同里，而且是同年同月同日生的，自然交情莫逆。

經常惹禍的劉邦為了躲避官府的緝拿或者傳訊，東躲西藏，盧琯就經常陪著他一起逃亡，由此可見他們的交情。日後劉邦起事，更是緊緊跟隨，所以後來被劉邦封為燕王，常陪侍在其左右，是可以隨便出入劉邦寢帳的不多的幾個人之一。足見這兩家的關係非同一般。

劉邦所居住的地方叫做中陽里。他和盧琯出生的時候，同里幾十戶人家都湊錢到他們兩家恭賀，有如此的人氣，中陽里的「父老」非這兩位莫屬。

這兩位利用自己的地位，把劉邦推薦上去，又借經常與其他鄉里的父老合議公事的機會，說服他們贊成推薦劉邦做官。

這樣，鄉里推薦這一關就順順當當地通過了。

這就是政府選擇。其間也有在政府任職的蕭何、曹參的作用。

劉邦是黑白兩道通吃的人，政府機構中的蕭何和曹參是劉邦的「圈裡人」。可以說是死黨、「鐵哥們」。劉邦想要做一個亭長，這兩位焉有不幫忙之理？有兩位在縣衙中多多美言，還愁政府選不上這位手眼通天的劉邦嗎？

左，就是社會關係。亭長是佩帶武器、執掌捕盜、維持一方治安的武吏，主要的任務是維護治安。所以，剛猛有力，任俠輕財，能夠震懾奸宄草竊，是基本的素質要求。如果不能夠震懾犯罪分子，是不能夠擔當「亭長」這個重任的。而劉邦黑白兩道通吃，既與王陵這樣的「縣豪」稱兄道弟，與雍齒這樣的「沛豪」交往甚密，又有樊噲、紀信、奚涓、周勃這一批或敢打敢衝、或孔武有力的「哥們」、遊民聽他使喚，就社會背景和人際關係而言，完全符合要求。縣上對於選取這樣一位有著廣泛社會關係的人來做亭長，也是甚為滿意的。

右，就是社會背景。劉邦能夠順利當上政府公務員，和當時的社會背景也是分不開的。劉邦以王陵、雍齒、樊噲、周勃這班「社會強人」作為社會關係出任亭長，要謀求他們的配合，又必然以姑息、容忍和庇護這些人的一些日常違法活動作為交換條件，這也是一個「等價交換」。

正是憑藉各種社會勢力，劉邦在沛縣各級官吏中廣結私交，使自己也搖身一變，成為他們中間的一員後，更是如魚得水，利用這個身分和這層關係為背景，求得這種勢力的進一步配合與支持，這就是劉邦出任泗水亭長的左右合力，由此也可以看出劉邦對於各種關係的把握和熟練運用。

人們常說：「不以成敗論英雄。」可是，在使用人才上，就要以成敗論英雄，就要看能不能圓滿完成任務，能不能為企業團隊帶來效益，而不能以幹了多久、經歷了多少坎坷、沒有出現什麼大差錯為依據。企業間的競爭，不進則退，這是「物競天擇，適者生存」的自然法則的必然結果。而企業的經營成敗又關係到每一個員工的前途，關係到團隊的凝聚力，所以，決定企業成敗的用人之道也就成為凝聚力強弱的決定因素。

有一句老話，叫「尺有所短，寸有所長」。在用人上，企業只有將所需各色人齊集麾下，使每個人都充分發揮其個性專長，又使人與人之間因互補而合作，才能人盡其才。

正像德國大眾汽車的經營鐵腕費迪南．皮埃切說的那樣，只有在經濟必須的情況下，德國社會才會發生改變。假如企業更人性化了，唯一的解釋就是，必須這樣做才能獲得生存。事實表明，世界五百強，乃至全球大多數企業之所以在用人上不拘一格，只重真才實幹，是因爲不得不這樣做。首先，勞動力短缺的時代在世界範圍內即將到來。很多人口統計資料表明，在二十一世紀前期，爲數眾多的企業將沒有合格的人選擔當關鍵職位。這意味著，如果企業找到了優秀員工，就必須把他們留住。其次，由於企業等級結構扁平化，而且更強調團隊，企業的中層經理數量正在逐漸減少，以致晉升機會更少，所以企業必須通過其他方式留住人才。人性化管理可以及時發現員工的需求和興趣，幫助企業找到晉升以外的其他激勵方式，爲企業留住人才。

4 好人緣化險為夷，好關係絕處逢生

青少年起便混跡於社會的劉邦，曾經在即刻就要斷送性命的緊急關頭，靠江湖上的人際關係和處世原則，絕處逢生。

在滎陽和項羽對峙的時候，劉邦攻佔了彭城。得到彭城被劉邦攻佔的急報後，正在齊國指揮攻打城陽的項羽，立即命令部將繼續擊齊，自己則率領精兵三萬，連夜經胡陵西下，從彭城北面繞過，將位於彭城西南面的蕭縣先行占住。項羽的軍事天才在這次進攻中發揮得淋漓盡致。城陽在彭城的東面，而處於彭城西面的外黃、陽夏、蕭縣諸地，這時都已經成了討楚大軍的後方，以常理推度，劉邦為抵禦楚軍來襲，應該是把防守的重點放在彭城以東。結果項羽來個避實就虛，從劉邦的背後發起突然襲擊。結果劉邦的軍隊稍戰即潰。楚軍趁勢追殺，西邊是楚軍的合圍，東邊是滔滔的睢水，劉邦只有往南逃一條路，結果在半道被楚軍追上，劉邦的軍隊倉促應戰，淹死在睢水中的人不計其數，可以說是潰不成軍，「睢水為之不流」，足見其慘狀。

劉邦身陷楚軍重圍，情形可謂是千鈞一髮，也是天不滅劉邦，這時忽然一陣狂風從西北方向呼嘯而來，頓時天昏地暗，摧屋折樹，飛沙走石，對面不見人影。劉邦趁此良機，帶著數十名衛士突出重圍，狂奔逃命。

不料剛出虎口，又進狼窩。這時背後又有一支楚軍騎兵呼喊著追了上來，而劉邦身邊只有十餘人了。眼看就要陷於敵手，劉邦在匆忙中回頭一看，頓時心中升起了一絲希望。他發現帶隊追自己的楚將竟是自己的一個熟人！此人是他當年在沛縣認識的熟人，姓丁，名固，人稱丁公，忙說：「你我都曾經是朋友，何必互相殘害呢？『賢者不相威逼』，如果將軍堅決要捉拿我，我就自縛請降，請項王處置。若將軍憐惜我，日後有機會，一定好好報答閣下！」丁公也屬於念舊之人，一聽劉邦此言，念及舊日情誼，旋即勒緊韁繩，停住不追，讓劉邦從容逃命。等其他楚軍從後面陸續來到時，劉邦已經跑得很遠了。

劉邦在危急之時，靠自己積攢下來的「關係」，保住了性命，使丁固寧肯放棄功名富貴，甚至甘冒被項羽察覺後依軍法嚴處的風險，也要放走劉邦。由此可見劉邦「關係資本運作高手」的本領。

再看「鴻門宴」裡，本來劉邦和項伯並沒有什麼交情，但是因爲張良的關係，而使劉邦和項伯有了交集。劉邦牢牢地抓住了項伯這層關係，充分發揮了其「關係資本運作高手」這一特長，讓項伯幫其在項羽面前說好話，最終使自己化險爲夷，逃過一劫。

劉邦本是一個文不能夠安邦、武不能夠定國的人，說白了，就是一個沒有什麼特長的人。可是他善於「運作關係資本」，這種「關係資本」往往在最緊要的關頭挽救了他的性命。

5 寬懷待人，才能深得人心

寬容，是成就事業的基石，是化解矛盾的良藥，同時也是利己利人的法寶。歷史上以寬容成大事、得天下者不勝枚舉。齊桓公不治管仲射殺之罪，委以相位，成就了「六合諸侯、一匡天下」的霸業；唐太宗李世民不記魏徵孝忠太子建成謀害之嫌，開恩重用，視爲人鏡，留下千古君臣佳話；武則天朝臣婁師德不忌狄仁傑對己屢有微詞之隙，力薦接班，使狄仁傑脫穎而出成爲一代名相；春秋時趙國名臣藺相如與名將廉頗「將相和」的故事更是婦孺皆知。

劉邦懂得堅忍克己，寬容仁慈。史書記載：與項羽「諸所過無不殘滅」之舉相反，劉邦做事較有分寸。楚國長老贊曰：「沛公，長者也。」《史記》載：漢元年十年，沛公兵先諸侯至霸上。秦王子嬰素車白馬，繫頸以組，封皇帝璽符節，降軹道旁。諸將或言誅秦王。沛公曰：「始懷王遣我，固以能寬容，且人已服降，又殺之，不祥。」「乃以秦王屬吏，遂西入咸陽。項羽兵敗死後，劉邦以魯公禮葬項羽谷城。」漢王爲發哀，泣之而去。諸項氏枝屬，漢王皆不誅。

劉邦對待田橫的故事也充分說明了他的大度。

田橫是中國秦末起義首領。原為齊國貴族。陳勝起義後，隨從兄田儋在狄（今山東高青縣東南）舉事反秦，田儋自立為齊王。後田儋與秦軍交戰敗亡。

田橫兄田榮自立為齊王，以田橫為將軍，盡占齊地。項羽稱西楚霸王後，大封諸侯。田榮因負項梁未出兵助楚，未封王，對項羽心懷不滿，遂聯絡趙將陳餘反楚。

項羽聽到這個消息之後，十分惱怒，起兵北伐齊國。齊王田榮被打得大敗，逃跑到平原，平原人把田榮殺死了。其後項羽就燒毀蕩平了齊國都城的城郭，所過之處都大加屠戮，齊國人無法忍受，互相聚集起來反叛他。田榮的弟弟田橫，收募起齊國的散兵，得到好幾萬人馬，反過頭來在城陽攻打項羽。由於項羽糾纏於跟劉邦的戰鬥，所以田橫很快收復了齊地。

後來韓信打敗田橫，田橫就帶領他的部下五百多人逃入海中，居住在一個小島之上。劉邦聽到這個消息之後，認為田橫是位俠義之士，本來已經歸順了漢朝，是韓信突然攻擊了他一下子，才反叛漢朝的。此時不如招他入朝做官，以安定齊地民眾之心。於是派使者赦免田橫之罪並且召他入朝。田橫卻辭謝說：「我曾經烹殺了陛下的使者酈生，現在我又聽說酈生的弟弟酈商是一個很有才能的漢朝將領，所以我非常害怕，不敢奉詔進京，請求您允許我做一個平民百姓，待在這海島上。」

使者回來報告，劉邦立刻下詔給衛尉酈商說：「齊王田橫將要到京，誰要敢動一下他的隨從人員，立刻滿門抄斬！」酈商遵命。接著劉邦又派使者拿著符節把皇帝下詔指示酈商的情況原原本本地告知田橫，並且說：「田橫若是來京，最大可以封為王，最小也可以封為侯；若是不來的話，將派軍隊加以誅滅。」田橫於是和他的兩個門客一塊乘坐驛站的馬車前往洛陽。

在路上，田橫越想越覺得烹酈生很慚愧，無法面對酈生之弟酈商。在離洛陽三十里遠的一個叫屍鄉的地方，田橫對漢使說：「作為人臣拜見天子應該沐浴一新。」於是就住下來。田橫對他的門客說：「我田橫起初和漢王都是南面稱孤的王，現在漢王做了天子，而我田橫卻成了亡國奴，要北面稱臣侍奉他，這本來就是莫大的恥辱了。更何況我烹殺了酈商的兄長，再與他並肩侍奉同一個主子，縱然他害怕皇帝的詔命，不敢動我，難道我於心就毫不羞愧嗎？再有，皇帝陛下召我來京的原因，不過是想見一下我的面貌罷了。如今皇帝就在洛陽，現在我割下我的頭顱，快馬飛奔三十里的功夫，我的容貌還不會改變，還是能夠看一下我究竟是什麼樣子的。」說完之後，就自刎了，兩個門客手捧他的頭，跟隨使者飛馳入朝，奏知劉邦。劉邦忍不住流下了眼淚。後劉邦拜田橫的兩個門客為都尉，並且派兩千名士卒，以諸侯王的喪禮安葬了田橫。

與劉邦比，項羽在很多地方都顯得不夠大度。

張良原來是韓王韓成的人，在滅秦的鬥爭當中，受韓王的派遣去幫助劉邦。勝利以後，項羽分封諸侯的時候，雖然他也封了韓王，但是卻不讓韓王到自己的封國去。究其原因就是嫉恨韓王讓張良去幫了劉邦，最後還把韓王殺了。張良原是韓國人，本來的目的是要恢復韓國，他是一個復國主義者。項羽殺了韓王，等於斷了他的後路，逼得他走到劉邦的陣營。從此，張良便死心塌地替劉邦出謀劃策來對付項羽。

項羽就因為這個小心眼的行為，失去了一員大將。

有時，寬容不僅可以深得人心，而且還會讓自己從中得到更多的益處。

古人常言：「海納百川，有容乃大；壁立千仞，無欲則剛。」這是對山河雄偉的讚美，說明海的大，山的挺拔。也可比喻人的胸懷寬廣、大度，既要有寬容的性格，又要為人正直，不要有任何的私欲，要大公無私方可站得穩行得正，無私則無畏。若是想取得成功，就必須要有寬廣的胸懷。

第五章

劉邦謀士集團：
正確的決策來自眾人的智慧

用現代管理的眼光來看，劉邦是一個非常敢於冒風險的決策者。他集思廣益，集眾人的智慧和意見，取精華棄糟粕，使決策取得了更好的效果。

1 善於把握決策時機

在任何時候，一個人要想成功，要想創建自己的事業，都必須要善於發現機會、抓住機會，適時而動，為自己爭取生存和發展的空間。

劉邦起事之所以能夠成功，一個重要的原因在於他善於把握時機。劉邦的反秦動機很早就萌生了，早在陳勝起義前，他就帶著逃避徭役的一百多人躲進了深山大澤。但是，他覺得自己的力量還不足，起事的風險太大，所以遲遲沒有起事。當陳勝率先發難後，天下雲集回應，劉邦就開始考慮正式起事了。

秦二世元年秋天，陳勝、吳廣在大澤鄉發動起義，成為第一支反秦的武裝力量。此時的劉邦三十八歲，仍匿居於山澤中避難。

起初，陳勝、吳廣的力量並不大，只有幾百人，但是，楚地各部族一向對秦王朝的暴政非常反感，於是趁機起事，殺死所在郡縣的官吏，回應起義。一時間，蕲地周圍的經、酇、苦、柘、譙等縣，皆成了反秦勢力統轄的範圍。吳廣乘機收編各郡亂民，劫取糧倉，實力大增，等到進入河南一帶時，已有車乘六百、馬千騎、士卒數萬人，成了一支名副其實的強大軍團。他們奪取陳縣後，當地的部落領袖立刻回應，紛紛投靠陳勝，陳勝很快就成為了抗秦楚軍的領袖。於是，陳勝在陳縣建立政權，自稱為王，國號「張楚」，封吳廣為「假王」，並傳令各地的反秦勢力起兵討伐秦國。

當時，劉邦很想去投奔陳勝，無奈自己身邊只有幾百人，力量太小，而且又沒有投奔的門路；同時，他對陳勝能否領導天下群雄也感到懷疑。於是，他採取了觀望的態度，等待時機的來臨。

隨著陳勝吳廣起義隊伍的不斷壯大，各地官員風聲鶴唳，大為緊張，沛縣也不例外。縣令立刻召集蕭何、曹參等緊要官吏商議，有意背叛朝廷，率軍回應陳勝，以圖自保。

蕭何和曹參認為，由縣令本人率軍回應陳勝不合適，因為沛縣的子弟兵不會跟從他，還不如讓逃亡在外、在沛縣相當有人緣的劉邦回來領導沛縣子弟抗秦，以保本縣的安全。縣令見形勢危急，自己又孤掌難鳴，不得已只好答應了他們的要求。

於是蕭何立刻派樊噲往深山中尋找劉邦。劉邦聽到縣令召請，大喜，立刻整理行裝，率領徒眾，浩浩蕩蕩奔向縣城。

但是，劉邦根本不相信縣令會放棄自己的職位，由他來領導起義，於是派樊噲先回，聯繫沛縣父老以為內應，必要時強奪之。

果然，縣令看到蕭何、曹參態度曖昧，行動又過分積極，恐對自己不利，乃下令閉門堅守，並欲捕殺曹參及蕭何兩人。夏侯嬰得知這個消息後，利用自己的人際關係，將蕭何、曹參等人在城門尚未封閉前送出城外，投奔返回途中的劉邦等人。

蕭何見到劉邦，立刻告之縣令反悔之事，並且城門已封閉，可能要從長計議。但劉邦只是微笑點頭，示意繼續前進。

此時，奉劉邦之令早已潛回縣城的樊噲正四處聯絡留居城中的「劉季黨」，煽動沛城父老策動兵變，殺死縣令，迎接劉邦。

劉邦來到城門下，見城門緊閉，戒備森嚴，在蕭何的建議下，他親自書寫書帛數十封，繫在箭梢上射入城內，號召沛城父老放棄守城，殺死縣令。

縣令和沛城父老同時收到了劉邦的帛書，縣令大驚，立刻下令在城內實行嚴格的軍事管制。父老們看到縣令如此強硬，生怕反為所害，便一不做二不休，當晚就發動了民變，在縣府守衛的子弟兵也回應民變，縣令孤身逃離府邸，終為亂民所殺。

在樊噲的領導下，父老們開城門迎接劉邦部眾入城，沛縣居民夾道歡迎，擁劉邦入縣衙，並懇請劉邦出任縣令。

諸父老對劉邦說：「從小時候起，您就與眾不同，長相奇特，註定將成為貴人。我們前日卜筮，卜筮中指示您為領袖是大吉大利。依我們看，沛縣的安危，從今天起就全仰仗您了。」

劉邦在數度謙讓後，眼見眾人誠意甚篤，便勇敢地承擔起領導人的重任。根據蕭何的建議，劉邦從此成為沛公。

接著，劉邦重新整編人馬，以原先的「劉季黨」為基礎，重新編入沛城的子弟兵，總共有兩三千人，以蕭何、曹參為主要參謀，盧綰為侍從官，夏侯嬰、任敖、周勃、灌嬰為部將，以最為剽悍的樊噲為先鋒。不久，劉邦下令攻擊周圍的縣城胡陵及方與，並將大本營暫時設在故鄉豐邑。

隨後，劉邦又到太廟禱告黃帝，發誓要恢復天下秩序，並在廣場祭祀戰神蚩尤，下令戰鼓齊擂，並以牲血祭鼓，以紅色戰旗為標誌。從此，劉邦終於成了秦末起義群雄中相當特殊的一支農民雜牌軍領袖。

俗話說，時勢造英雄。劉邦抓住陳勝起義、天下雲集而回應的機會，利用自己以前積累起來的人脈資源，策動沛縣起義，創建了自己的軍隊，正式踏上了博弈天下的征程。他這種善於抓住機會，應時而動、趁機創業的作風，值得有志於成功的人士學習和借鑒。

隨著商品經濟的發展，企業與外界聯繫、市場競爭、市場需求日益複雜多樣，客觀上要求企業的管理水準現代化，有效地發揮企業管理的各項職能。而企業管理職能的基礎，就是決策並快速做出反應。

時機對管理者來說是極爲重要的。解決任何問題，都需要時機成熟，管理者要善於看準時機，把握時機。常言道，機不可失，時不再來。

高度競爭的環境客觀上要求管理者有迅速決策和果斷行動的能力。美國著名企業家亞柯卡說過：「如果我必須以一個字眼來形容一個成功的企業家，那麼我會說：果斷。」

美國著名管理學家杜拉克在《有效的管理者》一書中寫道：「管理人員必須經常在實際上不肯定的條件下用肯定的預感發言，缺乏這種品質就會產生嚴重後果。」當然，審視一個管理者是否稱職，不僅有個果斷與不果斷的問題，還有個斷對與斷錯的問題。果斷並不是武斷，應該始終伴隨著敏銳的感覺和理智的思考，這是管理者在做出決斷之前應該深思熟慮的。

2 戰略比經營更重要

管理者有才能是好事，但是管理者的戰略眼光，是比才能更重要的能力。

劉邦在戰略上的表現是很不錯的，有學者總結了幾個劉邦戰略性的舉措：

・劉邦在己方進行戰略迂迴的同時，也防止楚軍的戰略迂迴和包抄。

・滎陽戰敗後，劉邦退守滎陽成皋，楚軍迫近滎陽成皋南的京索間，漢軍擊破之，防止了楚軍越過滎陽成皋南向關中的機動性；灌嬰斬歙大破楚騎滎陽東，削弱了楚軍的機動力量。

・滎陽成皋初安後，劉邦飛速地返回關中，與周勃一起灌廢丘，殺章邯，拔除了心腹地帶的最後一個敵軍據點，徹底平定關中；「興關中卒乘邊塞」，同時周勃守嶢關，防止楚軍從關中的東南切入關中。

・漢軍三大名將韓信、曹參、灌嬰同時出征，擊破魏楚聯軍，定魏地，從潼關至滎陽一線側翼徹底安定；魏軍曾經集結的蒲阪在潼關正北約三十公里，正在潼關—函谷關—滎陽一線的要衝，三國時馬超韓遂據守關中，曹操陳兵潼關，就是派徐晃和朱靈自蒲阪切入關中的。

・在韓信攻齊後，楚軍再次試圖從滎陽南約一百五十公里的葉縣進攻漢軍側翼，被丁復擊破；諸事已定，至此，蕭何遊說英布時所說的：「漢王收諸侯，還守成皋、滎陽，下蜀、漢之粟，深溝壁壘，分卒守徼乘塞。楚人還兵，間以梁地，深入敵國八九百里，欲戰則不得，攻城則力不能，老弱轉糧千里之外。楚兵至滎陽、成皋，漢堅守而不動，進則不得攻，退則不能解，故楚兵不足罷也。」以及酈食其遊說齊王時所說的：「收取滎陽，據敖庚之粟，塞成皋之險，杜太行之道，距飛狐之口，守白馬之津，以示諸侯形制之勢，則天下知所歸矣。」都成為了現實。

・劉邦入都關中，「按秦之故，此亦搤天下之亢而拊其背也。」，「徙齊諸田，楚昭、屈、景、燕、趙、韓、魏後，及豪傑名家，且實關中。無事，可以備胡；諸侯有變，亦足率以東伐。此強本弱末之術也。」後又遷韓信楚王，以長子劉肥王齊地，並以手下第一軍事重臣曹參輔之，與關中東西呼應；之後，以自己的女婿張敖居趙地，並駐軍滎陽，漢皇沒時，滎陽駐軍十萬。串聯關中與齊地；收燕王、楚王，以劉氏宗親劉賈為荊王；發小盧綰為燕王；至此，形成了一個以關中巴蜀為依託，齊國為呼應，趙地與滎陽串聯，燕地與荊地為前驅的戰略藍圖，將各個異姓王分割在不同的區域，讓他們難以互相聯合造反；在高帝末年，更是消滅了各大異姓王，大封劉氏。故而「高帝王子弟，地犬牙相制，所謂磐石之宗也，天下服其強。」

劉邦在戰略上表現出來的高瞻遠矚以及在戰術上表現出來的靈活性，至今還爲後人稱道。而他的重要謀臣張良，也是一位有著「運籌帷幄之中，決勝千里之外」的戰略眼光的人。

跟隨劉邦一起打天下的張良，據傳其早年得一位老人傳授《太公兵法》，苦心研讀終於有所得。張良讀書有了本事後，就開始想找到一個能夠用他的人。秦朝末年正是亂世，各路英雄雲起，張良用《太公兵法》中的一些觀點來和他們談論打仗的事情，卻沒有人能理解。最後，他在帶著一百多人去留城的路上，遇到了劉邦。和以往一樣，他也和劉邦談起了兵法，沒想到劉邦對他的理論深以為是，於是他就跟隨了劉邦。

「運籌帷幄之中，決勝千里之外」，是劉邦對張良的戰略眼光的最好肯定。後來，劉邦當皇帝後，要封張良為齊侯，食邑三萬戶，卻被張良推辭了。他說：「我不敢接受這樣高的封賞，當時我遇到陛下時是在留城，陛下能把留城那個小鎮封給我就可以了。」於是，劉邦封張良為「留侯」。

功成之後，張良立刻用與世無爭的行為來表明自己的政治態度，從風險無比的政治漩渦中安然身退。反觀和他一起輔助劉邦的其他人，和他被並稱為「漢初三傑」的蕭何那樣的老實人，也曾經被劉邦投進監獄過。而韓信，因為功高震主，招來了殺身之禍。和他們相比，張良的選擇無疑也是明智的。

作爲管理者，一定要有高的眼光，眼光越高，才能看得越遠。有句古話：「小智者治事，上智者治人，睿智者治法。」會做事，只是小智慧，會管理人，才算得上大智慧，而比大智慧更勝一籌的就是「睿智者」。

其實，在中國古代傳統文化裡早就有戰略這個詞，只是沒有真正把戰略作爲管理學的組成部分對待。中國是農業社會，沒有意識到管理在發展工業中的重要性。而在國外，戰略是非常樸素的管理學詞彙，並且戰略和管理是密切結合在一起的。如果只懂管理，不懂戰略，得過且過，自己都不清楚會把企業引向何處，怎能稱得上是對企業負責？

時至今日，那些還深陷紅海中，微利行銷，爲利潤忙得焦頭爛額的企業家，是否醒悟到賺不到錢不是你能力不行，而是影響企業發展的環境變了，也許你的行業面臨淘汰，也許你的企業面臨升級，制定適合新環境發展的戰略才是最重要的。因爲，有些時候外因就代表著機會和機遇。機會、機遇對於人生的成長、企業的發展來說是無比重要的。有些時候，就是機會造就人。就像我們這一代人和上一代相比更富裕一些，並不是因爲我們這一代人比上一代人能力強多少，而是我們比上一代人機會多一些。企業發展也是一樣，目前影響企業發展最主要的原因是有沒有賺錢的機會。機會都跑到哪裡去了？就在不遠處，就在瞬間，機會女神還和你擦肩而過。爲什麼會和她失之交臂，因爲我們不具備捕捉機會的眼光。這一點，你是否意識到？

企業家需要自省，捫心自問，自己是否具有戰略眼光，看到了企業未來面臨的危機和發展趨勢。如果不具備這一點，就不是一個稱職的管理者。因爲，管理和戰略是密切相關的。

「君子先求諸己，後求諸人。」一個真正的領導者，要不斷充實提高自己，把自己的目光放得更高更遠。「你能看多遠，你就能走多遠」，領導者的眼光，是企業發展最重要因素。領導者眼光高，看得遠，才能做好一個集團的總指揮、領路人。作爲一名領導者，你可以不懂做事，但是，你一定要懂得管理人，懂得高瞻遠矚。

3 敢冒風險，果斷決策

大多數對劉邦的指責，其實是建立在一種婦人之仁的基礎上的。用現代管理的眼光來看，劉邦是一個非常敢於冒風險的決策者。

項羽知道彭城被劉邦攻下來後，立刻帶三萬部隊趕了回來。項羽判斷，劉邦的部隊在攻下彭城後，戰鬥力一定剩不下多少。

項羽部隊的戰鬥力果然大勝於劉邦，項羽發起突然攻擊後，劉邦的部隊還在睡夢中。本來戰鬥力就弱，而且毫無準備，漢軍完全抵擋不住項羽部隊的進攻。韓信下令部隊撤退，漢軍聽到這個命令，立刻大亂，十幾萬人被擠殺在睢水中，據說把睢水都弄得斷流了。

當然，劉邦是逃脫了，夏侯嬰率著十幾個人，趁天沒亮，掩護劉邦逃走。

劉邦本來是沛縣人，他攻打彭城時，沒想到會馬上就敗啊。所以當時他把家屬都帶回了沛縣，交給同鄉人審食其照顧。

審食其聽到漢軍在彭城戰敗的消息時，就想到項羽會派人來抓劉邦的家屬。但是劉邦的兩個孩子不在身邊，審食其於是交代親戚幫忙照顧兩個小孩，自己帶著劉邦的父親和老婆進山去躲避。

劉邦從彭城逃出來後，先去的也是沛縣。審食其已經帶著劉邦的父親劉公和他老婆呂雉走了，劉邦就帶上自己的兩個孩子一起逃亡。

項羽果然派騎兵隊來找劉邦的家屬，他們發現了前面逃跑的劉邦一行人，於是緊追不捨。

夏侯嬰駕車，後面的幾十人斷後，劉邦一行人拚命地想要逃離。

楚兵一直在後面追，劉邦急於逃命，於是命令把自己的兩個孩子丟到車下去，這樣車子輕了，自己好逃走。可是部下沒一個人願意，也沒一個人敢執行劉邦的這個命令。因為這個命令太違背常理了。俗話說，「虎毒不食子」，劉邦卻不顧這些，他自己親自動手，把兩個孩子扔下了車。

劉邦剛把孩子扔下車，夏侯嬰就停下車，去把孩子抱上來。劉邦大怒，訓斥夏侯嬰道：「你留下這兩個孩子做什麼？他們一點用處也沒有，只會害了我和大家的性命。」

夏侯嬰說：「虎毒猶不食子，如果這件事傳出去，全天下人都會恥笑漢王的。」

劉邦生氣地舉起劍威脅夏侯嬰，如果他不扔兩個孩子，就殺掉他。但夏侯嬰不怕，隨行的兵士也表示寧願戰死，而不要扔掉孩子。劉邦終於沒辦法了，只好閉上眼睛，任由夏侯嬰去指揮了。後來，他們一行人終於逃離了楚軍的追擊，來到了下邑漢軍控制的地方。

後世很多人用這件事來指責劉邦，罵劉邦殘酷自私。其實反過來想想劉邦的話，並不是沒有道理。如果犧牲兩個孩子，來挽救大家的生命，雖然於心不忍，但是也應該是萬不得已之時最好的選擇。何況，他對項羽太過瞭解，他料定項羽不到最後關頭，不會把他的骨肉怎麼樣。

劉邦回到下邑後，就休整自己的部隊，重新招集人馬來與項羽決戰。這個時候，劉邦有準備，他堅守城池。項羽的兵在城下，久攻不下，他就想要劉邦出城來和他決戰。項羽想了個辦法，在前面彭城之戰後，楚軍抓到了劉邦的父親劉公和老婆呂雉。項羽讓人把劉邦的父親綁到陣前，在陣前放上一口大鍋。然後派人在城下對劉邦喊話：「漢王聽著，項王說了，你不下來決戰，就用大鍋把你的父親煮來吃了。」

城下城上的士兵都聽到了，他們想，劉邦這次應該會為難吧？中國人以孝為先，在古時候，「不孝」可是很讓人唾棄的，有些政權還把「不孝」列為重罪。就算劉邦是漢王，沒人懲罰他，可是他仍要擔著道義上的責任，如果讓別人都知道漢王連自己的父親都不顧，那麼還會有人支持、擁護他嗎？

結果劉邦不吃項羽這一套，沒讓士兵去傳話，而是自己站在城牆上說：「當年我和項王一起受命於懷王，並結為兄弟，我的父親也就是項王的父親。項王今天煮自己的父親來吃，也分我點湯喝吧！」

項羽想的辦法就這樣被劉邦化解了，氣得不行，就想真的下令把劉公給殺了。這時項伯也在旁邊，勸項羽：「真的把劉公殺了對我們沒有什麼好處，還會引起天下人的非議。而且劉邦想要的是爭奪天下，他不會顧及自己的家人的。」

項羽自己也覺得這樣做會毀了自己的名聲，就接受了項伯的勸止。

劉邦的志向是滅掉項羽，一統天下。這裡不是說劉邦不孝，事實上，劉邦稱帝後，對他父親是非常好的。只是這一次和上次劉邦想扔掉自己的兒子一樣，在這樣的情勢之下，他沒有別的選擇。

有些時候，無情的客觀現實會逼迫決策者冒險。諸葛亮在萬般無奈下，擺下了「空城計」，使自己轉危爲安，正如他所說「吾兵只有二千五百，若棄城而走，必不能遠遁，得不為司馬懿所擒乎？」所以作為決策者不能懼怕和迴避風險決策，這就要求我們看準情況，該決策就決策，該果斷就果斷。

現代日本一位經驗豐富的企業家說過：「風險與利益的大小是成正比的，如果風險小，許多人都會去追求這種機會，因此利益也不會太大；如果風險大，許多人就會望而卻步，所以能得到的利益也就大些。」因此，決策雖有風險，但更有利益，為了組織的利益，理應敢冒風險，果斷決策。

許多看似不冒風險的決策，實際上是在冒更大的風險，這就是風險決策的辯證法。

諸葛亮用空城計退走司馬懿後，那些嚇得魂不附體的文官說：「丞相玄機，神鬼莫測。若某等之見，必棄城而走矣。」殊不知越是棄城而走，死得越快。曹軍大舉南下時，劉琮若舉荊州之兵抵抗，即便不勝也能多活一段時間。因為不敢冒險，以為投降了曹操仍能做個大官，哪裡想到圖本一獻，便一命嗚呼。曹爽也是一樣，因遊獵而被司馬懿阻於洛陽城外，不敢採納下屬的建議用手中的將印調兵與司馬懿交戰，而把將印交給司馬懿，以為這樣能圖個富貴，未想到印交了命也沒了。當今一些企業的決策者，不懂這個辯證法，往往滿足於眼下的產品暢銷，而不想冒點風險去開發更為先進的產品。須知盛極必衰，老產品終有滯銷的一天。當前不冒小風險，卻會給將來帶來大風險。風險決策需要膽量和魄力才能做出，但在實施時，則需要仔細小心，只有這樣，才能使成功的希望不斷增多，直到最後如願以償。諸葛亮實施空城計時，佈置周全細密，不露半點破綻，倘若有一絲漏洞，司馬懿的大軍便會蜂擁入城。周瑜執行孫權的抗曹決策，謹慎地把握赤壁戰前的每一個步驟和環節，方方面面都仔細考慮，待準備充分之後，方才乘著東南大風，渡江縱火，一舉成功。董承等人謀殺曹操，準備讓太醫吉平在給曹操治病時在藥中下毒，但因疏忽大意，被家奴告發，結果是董承等五人連同吉平全部被殺。決策本來就有失敗的風險，如果實施時不仔細小心，出現漏洞和差錯，無疑是加大失敗係數。

在現代經濟領域形勢日益複雜、競爭日趨激烈的情況下，指望不冒半點風險就能摘取豐碩的成果是不可能的。決策者不能懼怕和迴避風險決策，這是毫無疑義的。但話說回來，風險決策畢竟有失敗的可能，不能胡亂拍板。如果要冒風險，也要遵循以下原則：一是不得不冒的風險；二是值得一冒的風險；三是成功的可能性大於失敗的可能性的風險。必敗無疑的風險、無謂的風險和能夠避開而又不至於釀成更大風險的風險，是絕對不能冒的。

那麼到底該如何掌握，什麼樣的險是該冒的，什麼樣的險是不該冒的？

把握這點其實不難，只要你牢牢掌握住決策的以下五個要素，我想你就能做到心中有數。

- 要確實瞭解問題的性質，如果問題是經常性的，那就只能通過建立規則或原則的決策解決。
- 要確實找出解決問題時必須滿足的界限，換言之，應找出問題的「邊界條件」。
- 仔細思考解決問題的正確方案是什麼，以及這些方案必須滿足哪些條件，然後再考慮必要的妥協、適應及讓步事項，以期該決策能被接受。
- 決策方案要同時兼顧執行措施，讓決策變成可以被貫徹的行動。
- 在執行過程中重視回饋，以印證決策的正確性及有效性。

4 集體的智慧才是最明智的

作爲一個現代管理者，至關重要的一點是懂得「利用」民眾的情緒，充分聽取下屬的意見。商場如戰場，一個人的智慧再高也是有限的，眾人拾柴火焰高，充分調動部下的力量，則能在商場上攻無不克，戰無不勝。

劉邦被項羽分封到漢地為王，心中不滿，一直想找機會出來和項羽一爭高下。經過數年經營，他手下人才濟濟，兵精糧足，於是引兵出關。

劉邦出關，必須手下人同意才行啊。大將韓信給他分析：「我們的將士都是山東人（指的是函谷關以東），大家思鄉心切，這個時候揮師東進，他們一定十分高興，必定能建功立業。」

劉邦聽了韓信的話，於是偷渡出陳倉，迅速地佔領了關中地區，楚漢戰爭正式爆發。

劉邦選擇關中作為自己進攻的第一站，也是出於韓信的戰略考慮。劉邦拜韓信為大將之前，兩人有過一番長談。當時韓信對劉邦說：「楚王封章邯等三位秦朝降將在秦地為王，實在是一個大大的隱患，當初項羽殺死秦二十萬降卒，而獨獨章邯這三人沒事，秦地父老早就把這三個人當成仇人一般。而大王當初在秦地秋毫無犯，而且對百姓多有好處，如果大王出兵關中，百姓們必然會像迎接親人一樣來迎候大王。所以大王攻擊秦地，會很容易成功的。」

後來果然和韓信分析的一樣，漢軍輕而易舉地就得到了關中地區。要知道關中是當時天下最富饒的地方，有了這個地方，劉邦的後勤補給可算得上是無憂了，這也是後來為什麼劉邦幾次敗於項羽，還能有機會和項羽再戰的原因之一。

項羽的作為卻一開始就不得人心，在爭取民心上和劉邦的作為正好相反。在打敗章邯，逼他投降後，項羽帶兵入關。挖開秦始皇塚，又殺掉已經投降的秦王子嬰，「屠咸陽，燒秦宮室，收其貨寶婦女而東」。這樣的作為，怎麼可能得到民心？

對管理者來說，不論出於哪種考慮，爭取得到大多數人的支援，都是至關重要的。企業在制訂戰略性決策時，策略部門大量支援性的資料分析、所有員工的參與思考，對決策層的直覺判斷起著至關重要的輔助作用。

5 決策就是百分之九十的資訊＋百分之十的直覺

《百家講壇》在點評劉邦時提到：「劉邦這個人讀書不多但悟性好，張良、韓信、陳平等讀書人也自愧不如。劉邦思維的洞察力、直接的本質理解和綜合的整體判斷能力都很強。」

《史記張耳傳》記載：「漢八年，上過欲宿，問曰縣名為何，曰柏人，柏人者，迫於人也，不宿而往。」

說的是漢高祖劉邦在一次打了勝仗的回師途中，途經柏人縣的時候，天已經黑了，按行軍時間表安排，應該在這裡住宿。劉邦問左右這是什麼地方，左右說此乃柏人縣，劉邦當時一驚：柏人，柏人！劉邦反覆咀嚼這兩個字。覺得：什麼是柏人？跟迫人諧音，就是有受人脅迫的可能！於是劉邦不敢多留，立刻連夜趕路。

儘管劉邦對柏人的解釋無科學根據，但卻因此躲過了一場謀殺。當時，在柏人縣劉邦下榻的旅館裡，埋伏著趙國丞相貫高派往刺殺劉邦的殺手，而且他們就躲在旅館的廁所裡。

兩年後因爲有人告密，劉邦才得知當年確實與暗殺擦肩而過，不禁感歎是「天意」。所謂「天意」其實正是一種敏銳的，或者說不可思議的直覺，幫劉邦成功地躲過了一劫。

與此類似，當年，劉備之智囊中郎將龐統，號鳳雛，與諸葛亮齊名。三國演義裡有個落鳳坡，結果當他帶兵行到果然遇難，被箭射落馬，正應了落鳳之意。

直覺，一直是人們所能體會到，卻又難以表述的。那麼，究竟什麼是直覺呢？

簡單地說，直覺是一種不被意志控制的特殊思維方式，它是基於人類的職業、閱歷、知識和本能存在的一種思維形式。直覺作爲一種心理現象貫穿於我們生活的始終，它能對突然出現在面前的新事物、新現象、新問題及其關係進行迅速地識別，敏銳而深入地洞察，直接地本質地理解和綜合地整體判斷。簡言之，直覺就是一種人類的本能知覺之一。

現在雖已進入新的時代，世界變得越來越複雜，但是，用所謂「第六感覺」「預感」「本能」等直覺行爲方式的企業領導者似乎大有人在。

聯邦快遞創辦人弗雷得里克．史密斯和星巴克的總裁哈威德．舒爾茲就是相信直覺並把直覺運用於決策中的兩位領導者。

事實上，如果當初沒有他們憑直覺做的決定，你的公司文件便不可能一個晚上就由美國送抵香港，也不會有美式悠閒咖啡茶座。

弗雷得里克·史密斯在耶魯大學求學時寫的一篇經濟學論文提出了一個全新的物流概念，他認為在美國經濟越來越依賴科技的基礎上，速遞行業將會成為新興概念。

直覺告訴他，這個行業一定會大有前途。

但是他這篇富有激情的論文只得到「C」級成績，思想保守的教授們並不認同他的看法。

「眾人皆醉我獨醒」的史密斯不久後集資成功，以論文為藍本，成立了聯邦快遞公司。他說：「任何震撼性的改動都很難，因為你必須和一般人的看法對抗。」

哈威德·舒爾茲加入星巴克之前，只不過是一位烹調器高級營業員。

有一年，他到義大利米蘭度假，正坐在路邊咖啡廳享受寧靜舒適之際，他的「靈感女神」突然「出現」。

他想，像義大利這種提供好咖啡、舒適環境和快速服務的咖啡茶座，可能在美國市場大有作為。

舒爾茲寧願相信自己的直覺，也不相信市場調查，因為他已預測到調查結果多數會警告他：美國人不會花三美元買一杯咖啡。

後來他探訪了位於西雅圖的星巴克，在那裡品嘗了令他神魂顛倒的咖啡，並發誓要令星巴克成為美國人的「第三個好去處」。

「一旦洞悉別人未察覺的遠景，不管別人如何說不，都要想辦法讓夢想成真。人生要有所堅持，大事業並不是從天上掉下來的。」假如沒有把握當年那一閃而過的小靈感，舒爾茲就不會完成今天的大事業。

英國學者菲爾．霍奇森曾經做過一項研究，發現有效運用直覺的管理人員做決定時快速而且有信心，不會花太多時間來衡量得失。

很多時候，我們所得到的那些非常明確而生活化的指引往往是直覺帶來的。比如：誰值得信任，什麼東西不能吃，甚至當你被複雜的學術理論糾纏得頭昏腦漲時，直覺感應也可能讓你恍然大悟。希臘的著名數學家畢達哥拉斯曾經接受過直覺的指引。據說，由於某一天他突然發現鐵匠在捶打長度各不相同的鐵棒時，發出了完全不同的高低音，所以他才發現弦振動的長短與音調的高低有決定性的關係。

愛因斯坦曾說，「真正可貴的因素是直覺。」哈佛商學院的研究也表明，百分之八十的大型全國性組織或跨國組織的高級管理體制者都把他們的成功歸因於正確利用直覺。

當然，需要提醒的是：直覺，雖然在制定決策時會不可避免地存在著，並有著一定的可用性和實用性，但不可否認的是，直覺也有它的局限性和更大的危險性。如果決策者缺乏冷靜的判斷，以偏概全，否認科學決策的價值和有效性，不遵循科學規律，單純依賴自身的直覺感應，必然會使得決策風險增長，失敗也就在所難免。如果僅憑直覺，不關注當前的狀況和資訊，也必將自毀前程，給企業帶來巨大的甚至是致命的損失。

第六章

管得少的劉老闆：有效授權是門藝術

越是高明的管理者，越願意授權下級，特別是對於遠離指揮中心、獨當一面的負責人，更應通過授權這一手段，來充分發揮他的獨立負責作用。劉邦在這一點上做得非常成功。

1 敢於授權，贏得下屬的信任

諸葛亮用自己忠誠的品德、超人的智慧、曠世的才能、敬業的精神，協助劉備匡復漢室，成就蜀國霸業，治理「天府之國」，他的歷史功勳是有目共睹的。然而，他一貫親力親爲、沒有培養出治理蜀國的優秀接班人隊伍，致使出現「蜀中無大將，廖化當先鋒」的無奈局面，不僅自己落得個「出師未捷身先死，長使英雄淚滿襟」的悲慘結局，也使蜀國成了三國中最早滅亡的一個王朝。

劉邦和陳平曾經有個談話，劉邦問：你看我們現在和項羽處於一個膠著的狀態，誰也吃不掉誰，請先生想一想有什麼辦法能夠出奇制勝，儘快地結束這場戰爭呢？陳平說：「項羽多疑，我們可以使反間計，讓項王不再信任手下的人，等於砍掉了他的左膀右臂，就行了。」

劉邦說：「這個主意好，那就請陳先生來操作吧。費用沒有問題，馬上撥款，黃金四萬斤（這裡說的金子其實是銅，那個時候講的黃金就是黃銅）。」劉邦把黃銅四萬斤交給陳平，隨便他怎麼用，不問出入。什麼叫不問出入呢？就是不報銷，不審計，不查你的賬，你愛怎麼花怎麼花！只要把事辦成了，節約下來的都歸你自己，哪怕一文錢不花，全裝入你的腰包也行。

這是當時那種特殊情況下的一種特殊措施，充分顯示了劉邦對陳平的信任。當然，陳平也為劉邦把項羽手下的幾位大將給搞定了，使項羽失去了對他們的信任，尤其是氣走了項羽手下的謀士范增，為劉邦戰勝項羽立下了大功。

正是由於劉邦這樣的信任，敢於授權，所以他的手下都很樂意爲劉邦效力，盡力使自己的才能發揮到最大的限度。

韓信在評論項羽時也說起過：「項王見人恭敬慈愛，言語嘔嘔，人有疾病，涕泣分食飲，至使人有功當封爵者，印玩賞，忍不能予，此所謂婦人之仁也。」韓信說這話的意思是，項羽對人很有禮貌，很慈善，總是好言好語，遇到有人病了，還要哭哭啼啼，把自己吃喝的東西分給他。可是，當遇到該封賞那些有功者以爵位時，他卻把爵印抓在手中，都玩出了缺口，也不捨得交出去。單從他「恭敬慈愛」「泣涕分食飲」這點看，項羽的確有仁愛之心；可要是從他「玩印不予」這點看，卻是十足不願授權的例子。

孟子說：「舜發於畎畝之中，傳說舉於版築之間，膠鬲舉於魚鹽之中，管夷吾舉於士，孫叔敖舉於海，百里奚舉於市。故天將降大任於斯人也，必先苦其心志，勞其筋骨，餓其體膚，空乏其身，行拂亂其所為，所以動心忍性，曾益其所不能。」一位卓越的未來領導者必須經歷市場風雨的洗禮、鍛煉甚至磨難，這是承擔百年基業大任不可或缺的成長過程。

所有的現代教育、培訓只能幫助學習者更快地學會某個觀念或技能，而無法替代實際工作帶來的體驗。

傑克．韋爾奇說：「花十年的工夫培養一個合格經理的時間不算長。」可見，企業接班人的培養是一個漫長的「十年一劍」的過程，必須高瞻遠矚，提前籌畫，做好計畫。

2 大權要獨攬，小權要分散

現代社會，管理者工作千頭萬緒，極爲繁雜，如果管理者都事無巨細、事必躬親，那麼即使有三頭六臂，也會應接不暇，難免事與願違，所以管理者必須學會正確地授權。作爲管理者，應該明確自己的工作重點，把精力放在主要方面，分清哪些事情必須自己親自去做，哪些則需授權下屬來完成。可以這樣說，越是高明的管理者，越願意授權下級，特別是對於遠離指揮中心、獨當一面的負責人，更應通過授權這一手段，來充分發揮他的獨立負責作用。

然而，授權不是交權，更不是大權旁落。什麼時候授、授到什麼程度、什麼時候收回等都有許多學問，老子的《道德經》中有一句：「大方無隅，大器晚成，大音希聲，大象無形。」意思就是最宏大的方正（形象）反而看不出稜角，最大的（人材（物））器需要經過千錘百煉才能製成，最宏大的音律往往聽上去聲響稀薄，而最宏大的影像，因爲無法看清全貌，似乎已沒有了形狀。

授權也是如此，它是領導給予下屬的一條無形中的繩索。

我們來看看劉邦是怎麼做的。

劉邦在聽從了蕭何的建議之後，立馬封韓信為大將，將自己的幾十萬兵馬都交韓信指揮。但是，劉邦真對韓信這麼放心嗎？把位居諸將之上的大將印信交付給一個與自己毫無淵源，甚至是毫不瞭解的人畢竟是一件非同一般的大事，以「沛公殆天授」的稟賦，劉邦豈能不留一手？

劉邦怎麼做的呢？他給韓信派了一個助手。其實這個助手明眼人都知道是怎麼回事，名義上是助手，實際上就是派去監視韓信的。

這個人是誰呢？就是他的老鄉，對他忠心耿耿的大將曹參。在《史記・曹相國世家》中，有這樣的記載：「曹相國參攻城野戰之功，所以能多若此者，以與淮陰侯俱。」這就是說：曹參之所以能建樹這麼多攻城野戰的軍功，是因為他一直同韓信在一起。

以眾人的眼光來看，給韓信派去一個副手是再恰當不過的了，這充分說明了劉邦的高明之處。韓信在為大將之前，是寸功未立，甚至從投奔項羽到現在，就沒有正兒八經打過一次仗，諸將怎麼能服從這樣一個沒有任何實戰經驗的毛頭小子呢？他們難免會有抵觸情緒，這對於韓信調兵遣將是非常不利的。派一個德高望重的曹參過去，就可以鎮住諸將，使他們不敢不聽從韓信的命令，這對於韓信完成自己的任務顯而易見也是很有利的。

但是，劉邦的高明之處並不止於此。幾十萬的大軍，這可是劉邦的家底！就這麼讓外人來掌管，他就能夠放得下心去？

劉邦把曹參派去做韓信的第一副手，可不是讓他去建立功勳的，也不僅僅是為了幫助韓信。曹參的第一重要使命應該是暗中密切監視韓信。

這就顯示出了劉邦的「手腕」，以曹參在諸位將領和部隊中的威望，韓信若有異心，曹參馬上可以拿出「漢王密詔」之類，號召官兵將其制伏，從而確保劉邦對於軍隊的控制權。

劉邦在把軍令大權授予韓信的同時，卻把執行軍法的大權交給了曹參。韓信自登壇拜將以後，在執掌兵權的數年中，劉邦始終以曹參為盾，步步防範。更使人欽佩的是，負有這一秘密使命的曹參，從未妨礙過韓信「連百萬之軍，戰必勝，攻必取」的雄才大展，至少韓信的感覺是配合得很好，也未有過對曹參不恭的言行。由此可見劉邦手腕的高明之處。

劉邦這一手，既可控制軍隊，又能借此衡量韓信與曹參關係的親疏厚薄。由此可見他對韓信和曹參的搭配使用，是一個典型的範例。

日後沒有多長時間，他這一手就顯露出效果了。在滎陽和項羽大戰失利後，劉邦從成皋倉皇逃跑。他並沒有向西逃回自己的大後方關西，而是渡過黃河向北而去。為什麼呀？韓信的軍隊就駐紮在這裡。劉邦這時首先想到的就是自己的軍權控制在誰手裡。

當晚，劉邦就立即派夏侯嬰連夜同曹參、灌嬰等取得聯繫，從這裡就可以看到劉邦安排得巧妙之處了。他並沒有首先去找軍隊的一把手韓信，而是首先去找自己最信賴的曹參。由此可見他派曹參給韓信做副手的真實用意，那就是當關鍵時候的棋子！

稍後，陳平等人陸續來到，他們連夜商量出了對策。什麼對策？不外乎就是如何應對韓信的對策。商量好了對策，第二天一大早，就由夏侯嬰駕著車，劉邦帶著那一班人來到轅門，自稱是漢王使者，有要事謁見趙王張耳，沒有讓士兵通報就直接順利地進入大營。從這裡可見韓信治軍並不是十分嚴格，想想幾十年後周亞夫在細柳營治軍，敢於斬殺監軍，也許就是從這次事件中汲取的教訓。

就這樣，劉邦長驅直入，直達韓信的寢帳。這時韓信還高臥未起，劉邦由曹參引路，直接去韓信的臥室，將他用來調兵遣將的印璽符節全部收歸己有。劉邦得到印信之後，在陳平等一班從成皋跑出來的將吏們的配合下，對韓信軍團迅速地來了一次人事安排上的換血。待韓信在睡夢中被人喚醒，匆匆來到中軍帳參見從天上掉下來的漢王時，軍權早已易手了。

劉邦知人善任，能夠充分發揮人才的作用。但是，他從來沒有放鬆過對於人才的控制，而且他控制人的手腕非常高明，常常在無形之中將人置於自己的控制之中。對於韓信，就是一個最爲典型的例子。

所以，作爲一個領導者，務必堅持一條原則：大權要獨攬，小權要分散。

首先，總指揮要抓的是財權。

錢是企業的命脈。高層領導必須清楚地掌控資金大的方向，並且關鍵時刻能夠自由調動，而那些財務細節完全可以讓財務總監去管理。

其次，總指揮必須抓的是人事任免權。

這主要涉及非常重要的人事調動和安排。諸葛亮曾說：「夫兵權者，是三軍之司令，主將之威勢……若將失權，不操其勢，亦如魚龍脫於江湖，欲求遊洋之勢，奔濤戲浪，何可得也。」

意思是，兵權就是將帥統率三軍的權力，如果失去了這個權力，就好像魚、龍離開了江河湖海，若想在海洋中自由遨遊，在浪濤中奔馳嬉戲，那是不可能的。

這段話一針見血地指出了一個問題，就是兵權對於將領的重要性。一員將領假如失去了兵權，任憑多麼具有雄韜偉略，也只能是毫無作爲。

總指揮必須抓在手裡的第三項權力是最終決策權，也就是對重要決策拍板的權力。

管理者經常會遇到這種情況：新的意見和想法一經提出，一定會有反對者。其中有對新意見不甚瞭解的人，也有爲反對而反對的人。

在一片反對聲中，領導者猶如鶴立雞群，陷於孤立之境。

這個時候，領導者不要害怕孤立，對於不瞭解的人，要懷著熱忱，耐心地向他說明道理，使反對者變成贊成者；對於爲反對而反對的人，任你怎麼說，恐怕他們也不會接受，那麼，就乾脆不要寄希望於他的贊同。重要的是你的提議和決策是對的，只要真理在握，就應堅決地貫徹下去。

3 授權不忘旁聽，發揮員工的積極性

「人才資源是第一資源，人才資本是第一資本。」但是如果招來了人才卻不能夠使用，那好比將寶劍藏在匣中，不能夠發揮出其應有的作用，就會造成極大的人才浪費。

劉邦就不這樣做。他不僅善於吸收人才，而且對於招致麾下的人才，能夠大膽地使用，最大限度地利用人才的長處，爭取人才效益的最大化。

要發揮人才效益最大化，最主要的是應為人才提供充分施展才華的空間，要給人才以充分的展示機會。劉邦對於那些人才可以說是言聽計從，放手使用：善於帶兵的韓信，敢放手給兵；善於謀略的張良，對他是言聽計從；善於管理後勤的蕭何，能放手給權讓他做事。

留侯張良本是韓國的國相之後，出身豪門，後來秦滅韓國，立志要復仇，然歷經十數年，雖在博浪沙椎擊秦始皇，然而最終「壯志未酬」。後來在逃避追捕的時候遇到了曠世奇人黃石公，得授《太公兵法》。正在這時，陳勝在大澤鄉點起了反抗暴秦的大火，天下大亂，張良也趁勢拉起一股人馬，加入滅秦行列。

為何他很快就追隨劉邦，甘願為其效力呢？原因就在於劉邦對於張良的兵法和計謀十分欣賞，能夠言聽計從。張良志在滅秦，為此隱姓埋名多年，其間也曾經和多人聊過天下大事，但這些人都不開竅，可是同劉邦一講，劉邦一聽便懂，張良感慨自己終於找到知己，感歎道：「沛公殆天授。」看來知己難尋呀，連張良都不例外，不過最終能夠遇到劉邦，也是張良的福分。

張良在鴻門宴之前得到消息，說項羽第二天要派兵來剿滅劉邦。張良曾問過劉邦，「請大王想一想，您打得過項羽嗎？」劉邦的回答是「固不如也」——打不過他。後來韓信到劉邦軍中來，也問了這樣的問題：「大王您掂量掂量自己的能力、實力，能比得過項羽嗎？」劉邦雖然沉默了很久，最後還是坦誠相告：「固不如也。」——我是不如他。然而，就是這些人能夠幫助劉邦提出自己的計策來，而前提就是，每件事情劉邦都能如實相告、絕不隱瞞。這樣信任對方、尊重對方，就會得到對方同樣的回報、信任和尊重，這些人就會盡心盡力地幫他出謀劃策。

對於韓信，剛投奔劉邦的時候寸功未立，而且也沒有什麼功績證明自己，甚至還因犯了錯誤差點兒被砍了腦袋。結果經過蕭何的舉薦，劉邦將數十萬大軍交到了他的手裡，對他大膽使用。這就充分說明了劉邦對於人才能夠大膽使用。

要發揮人才效益的最大化，一個重要的方面就是要善於聽取他人的意見，哪怕是與自己的想法不一致的。做不到這一點，就正如王安石在《興賢》中所說的：「有之而不用，猶無有也。」

許多管理者不願傾聽，特別是不願傾聽下屬的意見，那就自然無法與下屬進行暢通的溝通，進而影響了管理的效果。

美國的一家大公司有一位銷售經理，他對該行業的特點一竅不通，可他卻得到了下屬的尊重，並被認為是一位好領導。

每當推銷員需要他的忠告時，他卻不能告訴他們什麼——因為他什麼都不懂！但儘管如此，這個人卻懂得如何去傾聽，因此，不論別人問他什麼，他總是回答：「你認為該怎麼做？」於是推銷員會提出方法，他認真傾聽並點頭同意，最後，推銷員總是能夠滿意地離去，心裡還想著：這位經理真是了不起！是否傾聽反映的是管理者對下屬的態度，如何傾聽則關係到管理者的水準問題。

如果管理者認爲自己聽見了就是在傾聽，那是不準確的，因爲傾聽不僅僅是用耳朵，更要去用「心」。

有機會多聽不同的聲音，並把它當成財富一樣收集起來，合理地融於自己的認知和決策，這是尋求合理公正的表現，也是管理成熟的一個重要標誌。

前紐約市長柯奇每到一個地方都會問別人：「我這市長幹得怎麼樣？」他並不是每次都能得到肯定的答覆，但每個答覆對他來說都是可貴的資料，使他能夠明瞭他的屬下在治理紐約市的政務方面有哪些是對的，哪些是錯的，並以此來改進自己的工作。

同樣，有一位成功的領導人，他每次接管一個團體後，都用個別談話的方式展開工作。

他會單獨問每一個屬下：「你的工作情形怎樣？有什麼困難？我如何幫助你？我用什麼辦法可以使你的工作輕鬆一些？」這樣，他很快就瞭解了新團體的工作內容和其中的問題，於是迅速地制訂有效的方法來解決問題。

人們往往認同從眾心理，但卻忽視了另一個重要問題：真理，未必是大家都認可的東西，有時，它可能來自不同的聲音。

不同的聲音往往來自一些有爭議的問題。通過辯論，思路會越辯越清，問題也會越辯越明。它的價值在於不同的人大膽地陳述自己的觀點，在於靠集體的力量來尋找問題的解決辦法，在於讓有偏離事實真相的認識歸正，並心悅誠服地尊重真理。

小馬里奧特是萬豪國際酒店集團的董事長。他喜歡走動式管理，以四處巡視旗下酒店為樂事。

有一次他巡視酒店，注意到顧客對餐廳女招待的服務評分不高。他問那家酒店的經理，問題出在哪裡，經理說不知道。但是，小馬里奧特注意到了這位經理不安的身體語言，接著問女招待的待遇是多少。

得到回答之後，他接著問為什麼待遇比市場標準低。經理說，員工的加薪要總公司決定，而他不想提出來。

對話不過三十秒，但是小馬里奧特發現了三個嚴重的問題：第一，總公司管得太多；第二，高層重視利潤勝過顧客滿意度；第三，經理不敢提加薪要求，說明他的上級是糟糕的傾聽者。

瞭解了這些問題後，小馬里奧特回總公司就開始著手處理這些事情，並制訂了一系列的相應措施，最後解決了這三個問題。

小馬里奧特說：「我所做的，只是改變這位經理什麼都不說的習慣，並且告訴他，有人願意傾聽他的問題——這是他的上級主管顯然不願意做的事。」小馬里奧特很重視傾聽，也善於傾聽。

作為傾聽式CEO，他有以下十點經驗值得其他經理人學習。

・傾聽基層員工

小馬里奧特習慣走到工作的現場，直接傾聽員工的聲音，而不僅僅是坐在辦公室裡。

・傾聽對方的身體語言

要從身體語言中，發現對方想要隱藏的資訊。

・善用自己的身體語言，表示自己對正在談論的主題很有興趣

・保持適當的沉默

不要太早表示自己已經做了決定，而是要傾聽完之後再做判斷。

・不要以表達方式是否迷人來判斷資訊是否準確

小馬里奧特發現，一個人能言善辯、善於表達，並不表示他的想法都正確。相反，有些人內向害羞、不善言談，他的話可能值得一聽。

・不要選擇性傾聽

在二十世紀八〇年代末，酒店業的過度擴張已經很嚴重，但是小馬里奧特盲目自信，只把注意力放在正面的消息上，最終付出了慘痛的代價。

小馬里奧特總結說：「選擇性傾聽，幾乎和完全不傾聽一樣糟糕。」

・要主動傾聽，也就是說，要提問

「這個技巧對高層主管特別重要，這些人因爲位高權重，通常與資淺的員工不那麼親密。」小馬里奧特推薦大家問這樣一個問題：「你認爲呢？」

・傾聽顧客

「在萬豪，我們依靠顧客告訴我們，哪些做對了，哪些做錯了。這是確定我們是否提供他們所想要的服務的唯一方法。」比如，酒店以前爲了美觀都儘量把插座隱藏起來。

通過調查商務旅客，萬豪發現插座需要調整：隨著筆記型電腦的流行，商務旅客希望房間裡的插座要看得見，而且要隨手搆得著。

・化傾聽為行動

聽到問題之後，要解決問題，這才是傾聽的本意。

・要知道什麼時候該停止傾聽

到了某個時候，必須停止辯論和蒐集事實，要根據已經擁有的資訊來做出決定。

小馬里奧特認爲，知道什麼時候停止傾聽，是測試公司整體傾聽技巧的關鍵。顯然，小馬里奧特不僅自己傾聽，還在打造公司整體的傾聽能力。在公司建立一套傾聽的制度，能很好地發現問題並解決問題。

在現代企業管理中，管理者要學會傾聽，發揮員工的積極性和主動性，並解決他們在工作中遇到的各種問題，這樣，才是有成效的管理。

4 管好自己，他們都會跟你走

管理工作在很大程度上是要身體力行的，如果管理者不懂得如何在自己的工作中做到卓有成效，就會給其他人樹立錯誤的榜樣。

項羽的軍師范增曾分析認為，項羽坑殺降卒，而劉邦在咸陽約法三章，兩相對比，在爭取關中人心方面，項羽已處於劣勢。但是，劉邦的軍事力量遠遠不如項羽，如今劉邦在關中的時間還不是很長，他的政治優勢還不能立即轉化為軍事力量，如果項羽以強大的軍事力量和他對決，就可以把這一威脅扼殺於萌芽狀態之中。

范增向項羽做了精闢的分析：「沛公在東方時，是著名的貪財好色之輩，如今進入關中，卻財物無所取、婦女無所幸，這顯然不是他的本性啊！這表明他志存高遠，有意在關中為王。我們不如趁這個機會對他發起突擊，消滅這個後患！」

可見，劉邦有效地做好了自我管理，樹立了良好的個人形象，具有了一個領導者應該有的素質——自我管理。

人爲什麼被管理？因爲你管不了自己，所以只好別人來管你，就像一個人爲什麼被抓進監獄？你自己不能遵紀守法，約束好自己，當然只好員警來幫你管理了，真相有時候就這麼簡單。

在楚國決定北上救趙和西征秦國時，由於信任問題，最傑出的將領項羽得不到懷王、宋義和楚國眾多長老們的信任，所以沒有能得到西征軍統帥的職位；相反，劉邦因為一直比較注重塑造良好的個人形象，因而在楚軍上下廣有人緣，再加上楚懷王和宋義有意要找一個實力派人物牽制項羽，於是劉邦得以從眾多小軍團將領中脫穎而出，成了西征軍的統帥。

企業管理的現實也正是如此，很多企業之所以管理不好，無論是員工缺乏工作積極性，還是團隊缺乏凝聚力，其根源並不在於管理者「管人」能力的高低，而在於管理者本身缺乏有效的自我管理！

有一家廣告公司，公司規定早上十點上班，可是老闆發現每天都有大量遲到的人，按時出勤率不到百分之三十，於是老闆採取了各種手段來治理：點名、打卡、簽到、指紋機、門禁卡……收效甚微。

老闆在和一位朋友聊天的時候，說起了這個頭疼的問題。朋友問他：「你一般什麼時候到？」「做廣告經常加班，我經常早上也去不了公司。」

朋友問：「你為什麼覺得你可以不去？」

「我是老闆呀，我當初為什麼創業，就是想不受人管，自由嘛！」

朋友問：「你覺得員工喜歡被這樣管嗎？」

「哦，可能也不喜歡吧，但總不能全公司都遲到吧？」

朋友問：「那你打算怎麼辦？」

「就是到處找找有沒有更好的設備或者是不是要罰款更重一些？」

朋友問：「你覺得重罰效果會好嗎？」

「其實也不行，罰太重員工會流失的，我又不敢真罰。」

朋友想了想說：「假如你每天早上都按時到呢，會不會好一點兒？」

「可能吧？」老闆遲疑著。

最後朋友建議：「你能不能試一次，連續兩個月，無論什麼理由都不管，每天堅持按時上班？」

「好痛苦，但我想試一試。」

後來，這位老闆堅持了不到十天，員工的按時出勤率達就到了百分之九十六，而且沒有用任何的政策和工具。

人成熟的過程就是一個不斷學會自我管理的過程，我們最早開始管自己的哭，然後學會管大小便……一步一步管理自己，到十八歲成年，成年的意思就是自己爲自己負責，當人能夠自己爲自己負責的時候，就是成熟的標誌，意味著開始能夠承擔責任，而管理就是承擔責任。

你能爲自己負責，你是成年人；

你能爲家庭負責，你就是家長；

你能爲部門負責，你就是部門經理；

你能爲企業負責，你就是老闆……

而，當你不能管理自己的時候，就失去了所有領導別人的資格和能力。每一個想成爲領袖的人，請先從自我管理開始。

5 ——管得少，就是管得好——

三國時的哲學家劉邵在他寫的《人物志》中說：「一個官員的責任是以一味調和五味，一個國家的統治者則是以『無味』調和五味；大臣們以自己能勝任某種工作爲有才能，帝王卻以會用人爲有才能；大臣們以出謀劃策、能言善辯爲有才能，帝王以善於聽取臣民們的意見爲有才能；大臣們以能身體力行爲有才能；帝王以賞罰得當爲有才能。最高統治者正是因爲不必事事精通，所以才能統籌眾多有才能的人。」這就是「以不能爲能」的秘訣所在。

劉邦在這一點上做得非常好，他曾經說：「說到運籌帷幄之中，決勝千里之外，我不如張良；定國安邦、安撫百姓、供應軍需、保證糧道暢通，我不如蕭何；統領百萬大軍，戰必勝，攻必克，我不如韓信。這三個人，都是人中的精英。但是我會使用他們，這就是我奪取天下的資本。」

我們看，這真是一語道破了天機！

傑克・韋爾奇有一句經典名言：「管得少，就是管得好。」乍聽此言，覺得有些不可思議，可是深入細想，豁然開朗：管得少並非說明管理的作用被弱化了，效率管理，可能會產生更好的效果。

有人說，企業一管就死，一放就亂。真是放也不是，管也不是。有人說用人不疑，疑人不用；也有人說用人要疑，疑人要用。老闆到底是相信員工好，還是不相信員工好呢？做老闆真是左右為難。

某民辦報業企業，初創時期在招募員工時可謂千挑萬選，整個團隊也稱得上是兵強馬壯。可是，企業經歷了一段初始的亢奮後，緊接著面臨的卻是一片蕭條慘局。至於原因，當然是多方面的，但最主要的還是這家報社的總編不識大體，做不好領導。據說，他總是搶著幹記者、編輯們該幹的活兒，弄得手下人無所事事。反過來，他對手下人的「無能」總是表示不滿，動輒訓斥員工。結果可想而知，最後整個單位上下是怨聲載道，大家都說，「他願意幹讓他一個幹好了」。接著，眾人紛紛辭職，這個單位也垮了。熟悉職場生活的人都知道，這樣的事在當代社會屢見不鮮。

很多老闆不放權的原因：一是不敢放，即對外聘的經理人心裡沒底，不放心將自己辛辛苦苦打下的江山交到經理人手中，尤其作爲本來家底就不厚實的中小企業，實在是折騰不起，擔心一旦出現失誤可能就會使企業陷入困境甚至走向死亡；二是不想放，老闆怕失去自己對企業的控制，喪失在企業中的權威，甚至可能會受制於手中掌握大量市場資源的經理人，這對長期在企業內部一言九鼎的中小企業老闆來說是個相當大的挑戰。

放權如同撒網打魚，網撒出去了，能不能收得回來，關鍵看你手裡能不能握住綱，這個「綱」包括財務、人事、資源三個方面。

有專家爲企業家成功有效地放權提供了十項要訣：

要訣一：不要只問「懂了嗎？」

管理者習慣性會問員工「懂了嗎？」「我講的你明白了嗎？」這種情況下，許多對細節還不太懂的員工都會反射性地回答「知道」、「明白」，他們不想當場被主管看扁。

要訣二：明確績效指標與期限

員工必須瞭解自己在放權下必須達到哪些具體目標，以及在什麼時間內完成，清楚了這些才能有基本的行動方向。放權不是單單把事丟給員工，還要讓他明白管理者期盼些什麼。

要訣三：放權後也要適時聞問

放權以後不能不聞不問，等著他把成果捧上來。你可以不必緊盯人，但仍要注意員工的狀況，適時給予「這樣不錯」、「那樣可能會比較好」之類的意見提點。如果任務特別需要「準時」，也可以提醒他注意進度與時間。

要訣四：為下次放權做「檢討」

每次的放權後，管理者應找員工討論他這次的表現，以便檢討改進。旅遊企業高管也可以讓員工描述自己在這次過程中學到了什麼，再配合管理者自己觀察到的狀況，作爲下次放權的參考。

要訣五：放權不一定要是大事

即使只是一次再尋常不過的小事，都可以「放權」，未必一定要是什麼大方案、大計畫，才叫放權。尤其對於新進員工，從小事放權起，可以訓練他們負責任的態度，也建立他們的自信。

要訣六：先列清單再放權

簡單來說，主管可以先列出每天自己所要做的事，再根據「不可取代性」以及「重要性」刪去「非自己做不可」的事，剩下的就是「可放權事項清單」了。這會更有系統、有條理。

要訣七：放權的限度要弄明白

有些員工會自作主張，做出一些超出放權的事。因此最好在放權時能特別交代「底限」，一旦快觸碰到了，他們就應該剎車，這可以防止他們擅自跨過界限。

要訣八：找對你打算放權的人

你所指定的人，如果經驗多但對於該項任務不擅長或意願較低，未必會比經驗較淺、有心學習而躍躍欲試的人適合。

要訣九：排定支持措施

告知員工，當他們有問題時，可以向誰求助，並且提供他們需要的工具或場所。當主管把自己的工作分配給員工時，確定也把權力一起轉交。此外，主管要讓員工瞭解，他們日後還是可以尋求主管的意見和支持。

要訣十：放了權就該適度放手

與其緊迫盯人，不如在開始時就交代清楚，然後放手讓員工做。這樣管理者既可以省一些精力，員工也可以試一試自己的能力。

—第七章—

劉氏人才管理：
英雄不問出處

劉邦以一介布衣提三尺寶劍崛起於亂世，誅暴秦，抗強敵，定天下，創立了中國歷史上延續時間最長的統一王朝。劉邦的成功，除了他敢於鬥爭、善於學習、能夠在戰鬥中成長外，還因為他具有高超的領導藝術，能夠把一大批傑出人才團結在自己周圍。

1 識別人才是管理的根本

知人善任的第一點在於知人，其次是善任。只有先知道怎樣辨別人才，然後才能正確地任用人才。然而，任用人才容易，識別人才難。「知人者智，知己者明。」知人者，不只是知道識別和發現別人的才能，還要懂得自知。人貴有自知之明，作爲領導者，更應該清楚這點。

楚漢相爭，歸納劉邦的勝利與項羽的失敗，其實就是一字之差：劉邦識人，項羽失人。從歷史來看，不管做什麼事，決定是非成敗的關鍵就在知人善任。

要搞定人，就得先識人。識人者，除了自知外，就是知彼，就是要懂得看人。有些人是人才，但是，很多人只是濫竽充數。如何從眾多人中找出真正有能力的人，這就要看管理者的眼光了。

世間萬物，真真假假，虛虛實實。人身上也有許多似是而非的東西，看似優點，其實乃致命缺點。所以，用人者不要被假像所迷惑，要透過表面現象看清本質，才能發現和用好具有真才實學之人。

道家的祖師莊周從天人合一的角度來分析宇宙的精靈——人，並也談到過聖人的人格。莊子說：「刻意崇尚自己的德行，使自己顯得超凡脫俗，高談闊論，冷嘲熱諷，凡此種種，都不過是爲了顯示自己的清高傲慢而已。這都是山林隱士、憤世嫉俗者的做法。這類人遠離紅塵，形容枯槁，可他們偏偏喜歡這樣。言必仁義忠信，行必恭儉推讓，這樣做只不過是爲了標榜品行美好而已。這是天下太平時那些讀書人好爲人師的做法，有學問的和爲人師的，都好搞這一套。一開口就是如何如何立大功，建大名，以及怎樣事君爲臣，匡正朝野，這都是爲追求如何治國濟世而已，朝廷裡的當官的，爲尊君強國而奮鬥的，開拓疆土、建功立業的，終生追求的就是這些。隱逸山澤，棲身曠野，釣魚觀花，只求無爲自在而已。這是悠游江海之士，逃避現實、閒暇幽隱的人所喜好的。吹噓呼吸，吞吐空氣，做一些黑熊吊頸、飛鳥展翅的運動，只不過爲了延年益壽而已。這是導引養生、修煉氣功、追求如彭祖一樣高壽的人所喜好的。假如有人從來不刻意修養而人品自然高尚，不講求仁義而道德自然美好，不求功名而天下自然大治，不處江海而無處不安適悠閒，不練氣功而自然高壽，一無所有而又無所不有，恬淡無極而眾美匯聚，這才是天地之大道，聖人之至德啊。」

人們常常說，某位英雄豪傑做了這樣那樣的事。但是，什麼樣的人才算是「英雄豪傑」呢？

漢代有本有名的專講謀略的書，叫《玉鈐經》（亦即《素書》），據說是張良的老師黃石公寫的。這本書中對所謂的「英雄豪傑」有這樣一個定義：「如果一個人的品德足以讓遠方的人慕名而來，如果他的信譽足以把形形色色的人凝聚在一起，如果他的見識足以照鑒古人的正誤，如果他的才能足以冠絕當代，這樣的人就可以稱作人中之『英』；如果一個人的理論足以成為教育世人的體系，如果他的行為足以引為道德規範，如果他的仁愛足以獲得眾人的擁戴，如果他的英明足以洞悉下屬的舉動，這樣的人就是人中之『雄』；如果一個人的形象足可做別人的儀表，如果他的智慧足以決斷疑難，如果他的操行足以警策卑鄙貪婪，如果他的信譽足以團結生活習俗不同的人們，這樣的人就是人中之『豪』；如果一個人能恪守節操而百折不撓，如果他多有義舉但受到別人的誹謗而不發怒，見到讓人唾棄的人和事而不苟且勉強，如果他見到利益而不隨隨便便去獲取，這樣的人就是人中之『傑』。」總之，只有符合這些標準的人，才是「英雄豪傑」。

品德行為高妙，進退舉止皆可為人楷模，有這種品質的人叫做「清節」之士，延陵、晏嬰就是這樣的人；能創建法規、制度，使國家強盛，使人民富足，能這樣做的人叫做「法家」之士，管仲、商鞅就是這樣的人；其思想能與天道相通，計策謀略出神入化，奇妙無窮，有這種能力的就是「術家」，范蠡、張良就是這樣的人；其德行足以移風易俗，其方略足以匡正邪惡，其權術足以移山倒海，改朝換代，這樣的人叫作「國體」，商代的伊尹、西周的姜子牙就是這樣的人；其品德可爲一國之表率，其治國的方法能夠改變窮鄉僻壤的落後面貌，其謀略能夠用來權衡時事的契機，這樣的人叫做「器能」，鄭國的子產、魏國的西門豹就是這一類人。

但是，世間萬物都是有兩面性的，上述各種類型的人才也不例外：具有「清節」之風的人，不足之處是爲人不夠寬宏大量，喜歡在推崇一些人的同時譏刺苛責另一些人，凡事太認真，動不動就一定要清楚地分辨是非，這就叫做好品評人，子夏之流就是這樣；「法家」這類人，並不能做出具有開創性的計畫，其思想缺乏長遠性，但能承擔獨當一面的重任，創意新奇，策略巧妙，這可以稱之爲手段高超，漢宣帝時的名臣張敞和趙廣漢就是這樣；「術家」這類人，不能獨創新制，垂範後人，但能夠在遇到變亂時運用謀略，撥亂反正，他們的特點是謀略和智慧有餘，公正平允不足，這可以稱之爲智囊型的人，陳平和漢武帝時的御史大夫韓安國就是這樣的人；能寫傳世奇文，著書立說，可以稱之爲做文章的「大手筆」，司馬遷、班固就是這樣的人；能夠傳承聖人的學問，但不能從事實際的政治活動，其所做的學問叫

「儒學」，漢代儒生如毛公和貫公之類的人一生所做的就是這些事情；論辯起來不一定合於真理，但反應敏捷，對答如流，這只能叫做有口才，樂毅、曹丘生就是這樣的人；膽略、勇氣過人，才能、謀略超眾，這種人叫作「驍雄」，白起、韓信就是這樣的人。

總之，中國古往今來的人才，其類型大抵都包括在上面所列的範圍內了。身為部門領導的讀者可以按照這個標準衡量一下手下的人才，努力將人才用到最適合他（她）的地方去。

《孔子家語》裡說：「從前，賢明的君主一定要對普天下的名流都瞭若指掌，不但知道他們名聲的好壞，而且知道他們品質的優劣，這樣才能恰如其分地授予他們相應的官銜，使他們顯得尊貴榮耀。這樣一來，天下就好統治了。」孔子在這裡所說的意思就是帝王君主們要對人才品行的等級要有個基本估量，識才是一門需要領導者兼具相關經驗和專門知識的大學問，歷史上那些成功的帝王，往往在識才上就占得了先機。

2 有了人才，還要學會合理利用

識別之後就是人才的合理使用，善用人才對領導者來說，是一件很重要的事。知人不善用，人才的價值得不到體現，個人追求沒有實現的機會，這樣勢必會造成人才的流失。比如項羽手下的人才，有很多都是因爲跟著項羽得不到重用，最終沒有什麼作爲而離開項羽投靠劉邦的。

造器盡其材，用人適其性。用一種人才，便成就一種事業。趙王用趙括而亡國，諸葛亮用馬謖而前功盡棄，這些血的教訓足以提醒我們對用人的重視。人的才能大小是不同的，就像用升無法盛下斗中的東西一樣，盛不下就會溢出來，溢出來就全浪費了。用了不該用的人，怎麼能沒有危險呢?!傅玄說：「品評人才可分九類：一是有德行的人才，這類人可用來作爲政權的根基；二是治理之才，可以讓他們來推究事物變化的規律；三是政務之才，可以讓他們從事政治體制的運作；四是學問之才，可以讓他們搞學術研究；五是用兵之才，可以用以統率軍隊；六是理農之才，可以讓他們指導農民耕作；七是工匠之才，用以製作器具；八是經商之才，可以用他們來振興國家經濟；九是辯才，可以發揮他們諷諫和議政的長處。」這樣做就叫量才使用。

成湯的輔相伊尹說：「如果心智慧與天道相通，能不斷地順應事物的變化，瞭解萬物發展的情況，言論足以用來調和陰陽，正確地核准四時，掌握風調雨順的規律。這樣的人，要推舉他作三公。所以，三公的職責是不懈地研究社會和自然的發展規律。」

對於相當於三公的宰相的職責，西漢時的陳平說得更明白。當年漢文帝問陳平：「你所負責的都是些什麼事情？」陳平說：「陛下不嫌我愚鈍，讓我當宰相。當宰相的任務就是，對上輔佐皇上，調理陰陽；對下要使萬物各得其所；對外鎮撫四方，對內團結民眾，並且要讓各級官吏各盡其職。」漢文帝誇獎他說：「講得好！」

忠心正直，犯顏直諫，沒有奸詐之心，大公無私，講話、做事符合國家法規，這樣的人要推舉他做列士。所以，列士的職責是常行仁義。道、德、仁、義確立之後，天下就得到了治理。有「清節」之風的，可以擔任君王的老師，有「法家」之才的可以負責司法工作，「術家」可以作爲智囊團，善於評論和研究儒學的也可做太子的老師，會寫文章的可以讓他去研究歷史，至於有「驍雄」之才的人，可以去讓他帶兵打仗。

真正可以稱得上是「英雄」的人物，應該具有哪些素質呢？聰明出眾，叫做

「英」，膽力過人，叫做「雄」。這是對「英雄」所做的大體上的區分。聰明，是英才本來就應有的稟賦，但是英才倘若沒有雄才的膽力，其主張就不能推行；膽力，也是雄才本來就應有的素質，但是如果沒有英才的智慧，事情也辦不成。假如其睿智足以使他在事前就有所謀劃，但憑其洞察力卻看不出行動的契機，這樣的人只能坐而論道，不可以讓他們去具體處理某事；假如能謀劃在先，其洞察力也能跟上去，但沒有勇氣實行，這樣的人就只能處理日常工作，不能應付突然變故；如果是力氣過人，但沒有勇氣實行，就只可以作爲出力的人，而不能作爲開路的先鋒；再者，如果力氣過人，且也有勇氣實行，但其智慧不能預謀事變，那麼這樣的人就只可以做先鋒，不能做統帥。一定要能謀劃在先，明察在後，行動果斷，這樣的人才可以稱之爲英才——漢初的股肱之臣張良就是這樣。氣力過人，又有勇氣去做，智慧足以料事在前，這樣的人才可以稱之爲雄才——聲稱自己帶兵「多多益善」的韓信就是這樣。

綜上所述，如果能一人身兼英、雄兩種素質，那就能夠掌管天下。漢高祖劉邦和楚霸王項羽就是這樣的人——至於這兩個人爲何前者成功，後者失敗，還有其他方面的原因，所以我們不能因爲項羽失敗了就否定他身上的帝王稟賦。

量才用人也存在著一個辯證法：一方面，用什麼人關係著事業的成敗，紙上談兵，諸葛亮揮淚斬馬謖，都是這方面有名的歷史故事——趙王用了不該用的書呆子趙括，結果被秦將白起坑卒四十萬；諸葛亮用了不該用的馬謖而失了街亭，逼得他出兵岐山的行動完全失敗，他自己也不得不以唱「空城計」來救急。

反過來從另一方面講，君主、主將或主管者是什麼樣的人，也決定了他會用什麼人，這也決定了他的成功或失敗。

三國時郭嘉論曹操對袁紹有十勝，袁紹則有十敗，其中之一便是在「仁」上的勝敗。郭嘉說袁紹「見人饑寒，恤念之情形於顏色，其所不見，慮或不及，所謂婦人之仁耳。」他意思是說袁紹這種仁愛是短淺的、沒有胸懷的，因為他愛的範圍只是他眼睛所看到的東西，太有局限性。他的仁愛並不是從普天下的所有人出發，他沒有博愛天下的氣魄和勇氣，所以他是成不了事的。

有道是「大仁不仁」，一個有雄心壯志的人，就應當有博愛天下的胸懷，而且也應該有容納天下苦困的氣魄。目光總盯在一時、一地、一二人身上，這樣的人是成不了氣候的。正如孫武所說的那樣：「主孰有道？將孰有能？吾以此知勝之謂也。」項羽、袁紹之所以失敗，劉邦、曹操之所以成功，原因就在於此。

3 人才不問出處

劉邦的成功之道，就是因爲他的用人藝術。劉邦的成功，除了他敢於鬥爭、善於學習、能夠在戰鬥中成長外，還因爲他具有高超的領導藝術，能夠把一大批傑出人才團結在自己周圍。

劉邦用人有個特點，就是說不管你是什麼出身，不管你是什麼樣子的人，出身高貴也好，出身貧賤也好，只要對於自己事業有好處，都能夠網羅來爲己所用。只要能爲他的政治目標獻策出力，不分高低貴賤、出身經歷，而盡可能人盡其才；只要是對實現他的目標有利的方略，無論是誰提出的他都給予重視並採納實施。充分表現了劉邦的雄才大略。

劉邦用人不注重出身，從他文臣武將的出身便可清楚地看出來：張良是六國時的韓相，張蒼當過秦朝御史，蕭何、曹參原是秦朝小吏，韓信是貧民，英布是受過黥刑的平民，樊噲以屠狗為業，周勃以織席吹簫為生，陳平是個窮書生。這些人後來都受到重用，並為劉邦奪取天下立下大功。

劉邦把他們組合起來，各就其位，毫不在乎人家說他率領的是一個雜牌軍，說他劉邦是一個草頭王。劉邦要求的是所有人才都能夠最大限度地發揮作用。這叫什麼呢？這就叫不拘一格。由此可以看出，大膽地提拔和重用各種人才，尤其是出身卑微而有才能的人，是劉邦的一個用人之道，這也許與他自己出身平民和小吏是分不開的。

韓信是劉邦手下的「漢初三傑」之一，為劉邦建立大漢天下立了汗馬功勞。可他在沒有發跡之前，只是淮陰城中的一個窮少年，和劉邦一樣，也有「無行」的名聲。由於韓信家境貧寒，連一日三餐都很難維持，只得到處投靠親友，成為不受歡迎的人物。韓信不肯作業生產，到處吃白食，還「好帶刀劍」，自然不會有什麼好名聲。他經常在一位當亭長的好朋友家裡蹭飯吃，由於食量太大，日子長了，亭長的太太自然不太高興了，對他冷言冷語，想方設法要趕韓信走。

有一次，韓信和平時一樣的時間前去吃飯，結果到了一看，人家早就吃過了。韓信明白了是怎麼回事，就再也不去亭長家吃飯了。後來，韓信餓的時候，就到河邊釣魚，有時運氣實在不好，連魚也釣不到，便只好向河邊的洗衣婦討飯，其中有位老婦人，不但沒有看不起他，還經常給韓信飯吃，並且鼓勵他說：「大丈夫應當立志，不能成天依賴別人，好好努力吧！」韓信受到鼓勵，決心努力上進，爭取自己的前途。

有一次，韓信腰佩寶劍，走在淮陰街上時，有一位不良少年看他不順眼，就說：「你挎著寶劍，模樣還挺神氣的，其實你只不過是一個中看不中用的傢伙，你有種就殺了我，如果不敢的話，就從我的胯下爬過去。」韓信心中大怒，但是他想：「我當然可以一劍殺了他，可是，這有什麼意義呢？大丈夫能忍一時之辱，何必跟這傢伙一般見識。」他沉默了半晌，便一言不發，彎下腰來，從不良少年的胯下爬了過去。

後來韓信投靠了項羽，項羽對於韓信的「歷史」就很介意。他手下的大將鐘離昧看出韓信是個將才，多次向項羽推薦。但都被項羽一句「鑽過別人褲襠的人能有什麼本事」給擋了回來。

後來，韓信看到在項羽手下實在沒有什麼出路，便投靠了劉邦。就是這樣一個曾經食不果腹、靠乞討為生，還曾經鑽過人家褲襠的人，劉邦照樣讓他做了大將軍，絲毫沒有因為他的貧賤出身而為難他。

和韓信有著相似經歷的還有劉邦的主要謀士陳平。

陳平雖然也是出身貧寒，但是家庭條件要比韓信好一點兒，至少不用以乞討為生。不過當時他的名聲也不大好，在家時也是不事生產，為了混點酒食，常早出晚歸，去幫人家料理喪事，在鄉里父老眼中，這屬於苟且無恥的「下三濫」行為，所以到了娶妻的年齡，殷實人家不肯把女兒嫁給他，貧寒人家的女兒他又不肯娶，轉眼就拖成了一個王老五。

陳平長得是一表人才，相貌堂堂。曾經有人對陳平說：「你每天吃的什麼呀，竟然吃得這麼胖？」陳平的嫂子對於陳平整日好吃懶做很不滿，就說了：「不也是整日吃糠咽菜嘛。有這樣的兄弟，還不如沒有呢！」

不過陳平的哥哥對陳平倒是很支持，很愛護，聽見了自己老婆的不滿之詞，立即把她給休了，免得她再說自己兄弟的閒話。古人說：兄弟如手足，妻子如衣服；衣服破，尚可縫，手足斷，安可續。這些話陳平的哥哥倒是執行得很徹底。

逢年過節的時候，陳平為大家分肉，分得很平均，父老們都稱讚他，陳平卻是一副不得志的樣子說：「如果讓我陳平來分天下，也如同分肉一樣呀！」

但是劉邦對於陳平的出身同樣不計較，也給予重任。在投奔劉邦之前，陳平曾經投奔了項羽，但是，劉邦並沒有因此而對他有什麼看法，還是照用不誤，使他盡心盡力為自己效力。

由此可見，劉邦用人從來沒有門戶之見，只要是有用之人，都可以爲我所用。

正所謂，自古英雄不問出處。如今在企業裡，人才已然不問出處，更沒有貴賤之分。無論你來自哪裡、學歷高低、是男是女，只要能將公司交代給你的事情保質保量完成，那麼你就是企業的英雄，就是企業朝思暮想的人才。

4 不避親仇，一視同仁

「不避親仇」是韓非子的觀點。他說：「聖者明君，內舉不避親，外舉不避仇。」作爲領導，在用人時也應該遵循「外用不避仇，內用不避親」這個原則。所說的「親」，是指親屬、親戚、朋友、同鄉，泛指和自己關係密切的人或擁護和支持自己的人。

身爲現代企業的管理者，在舉賢的時候首先不必避親。對於有才能的人就要大膽任用，用人的標準在於是否稱職，而不是以私親爲原則，不能因爲某個人是至親就抹殺了一個人才！

很多人認爲，劉邦的成功是和妻子呂雉的幫助分不開的，這種說法是有一定道理的。

在劉邦還沒有開始自己的事業時，呂雉一直是一個賢妻良母，為劉邦照顧好兒女家庭，好讓劉邦在外安心公務和結交朋友。而劉邦開始打江山的時候，呂雉和劉公一起被項羽抓了起來，直到劉邦打敗項羽才被救了出來。這中間，呂雉受了多少苦、多少委屈？而劉邦成就帝業之後，呂雉又開始為劉邦出謀劃策，為他治理國家想出很多好辦法。

劉邦起家之時，所帶的人大都是跟著他交往至深的一些朋友，樊噲還是劉邦老婆呂雉的妹夫。因為和劉邦的這種特殊關係，樊噲每每身先士卒，為劉邦立下了大功。

早年的樊噲只是一個賣狗肉的。劉邦開始起事時，他跟在劉邦身邊，每一次戰鬥他都表現得十分英勇。往往一人能殺敵十幾個人，所以屢獲升遷。劉邦入關後樊噲勸劉邦不要留在咸陽，樊噲在劉邦的事業中起的作用是很大的。

「外舉不避仇」，這裡所說的「仇」，是指對自己有意見的人或反對過自己被實踐證明錯了的人。

劉邦用人不只是不看重人才的出身，而且對於人才的來歷同樣不看重，不管你原來和我一起東擋西殺，還是半路投靠，哪怕你是從敵對方來的，只要能夠對我有利，就會被重用。

其實，劉邦對於叛臣的重用最大膽的還要數季布和欒布了。

季布本是項羽部下的名將，因為數次使劉邦為難，所以劉邦對他很生氣，曾經下令通緝他，發佈告示，凡是擒獲季布的人，賞賜千金；如果有敢於窩藏者，禍滅三族。這時候，季布在哪裡呢？他正躲藏在濮陽周家，但是周氏覺得自己不能夠保全季布，就把季布喬裝改扮，化裝成一個奴隸，將他送到了大俠朱家那裡。

大俠朱家可不是一般的人物，據司馬公在《史記》中記載：他所藏匿和救活的豪傑有幾百個，其餘普通人被救的說也說不完。但他始終不誇耀自己的才能，不自我欣賞他對別人的恩德，那些他曾經給予過施捨的人，唯恐再與他們見面。他救濟別人，首先從貧賤的開始。他家中沒有剩餘的錢財，衣服破得連完整的一件都沒有，每頓飯只吃一樣菜，乘坐的不過是個牛拉的車子。他一心救援別人的危難，超過為自己辦私事。從函谷關往東，人們莫不伸長脖子盼望同他交朋友。楚地的田仲因為是俠客而聞名，喜歡劍術，像服侍父親那樣對待朱家，他認為自己的操行趕不上朱家。

大俠朱家見到了季布，看出這個奴隸是一個非同尋常的人，就前去勸說夏侯嬰，使其勸說劉邦饒恕季布。他對夏侯嬰說：「人各為其主，季布是項羽的下臣，為項羽盡心盡力，是人臣的本分。項羽的手下就可以斬盡殺絕嗎？皇上剛取得天下，就以一己之私懸賞捉拿一人，不是顯得心胸有點狹隘了嗎？」

夏侯嬰也是一個明白人，當年也正是他從刀下救出了韓信，所以，他馬上告訴劉邦說，不要把人才都逼到對方去，想當年的伍子胥不就是因為被楚王逼得太甚，才有了後來率吳軍滅楚的故事嗎？所以不要把人逼到死路上去，這個季布是不是就免了算了？

劉邦一聽，也是這個道理呀，馬上接受意見，赦免了季布的罪過，而且馬上封季布為中郎將，後來季布成為漢代名將之一。史家稱讚季布「能摧剛為柔」，不惜做奴僕以避禍。實則劉邦大膽任用宿敵的胸懷和識見，才更值得讚賞。

欒布本是彭越手下的大夫，奉命出使齊國。後來彭越由於謀反被劉邦殺死後，劉邦將他的頭顱掛起來示眾，還下令不許別人哭祭，說：「有敢收屍者，輒捕之。」欒布卻跑到彭越的頭下，一面報告出使的經過，一面「祠而哭之」。這使劉邦很不開心，大罵他「和彭越一起謀反的證據很確鑿」，下令要煮死他。

欒布也是抱著必死的念頭來的，他對劉邦說：「就讓我臨死前再講一句話吧。」他便趁機為彭越辯冤，並公開指責劉邦誅戮功臣：「反形未見，以苛小案誅滅之，臣恐功臣人人自危也。今彭王已死，臣生不如死，請就烹。」意思是，你因一點小事就隨便殺功臣，照這樣下去，人人都會感到自己危險呀！這樣生還不如死呢，你就煮了我吧！

聽了這些話，劉邦不僅沒因此而惱恨，反而「乃釋布罪，拜為都尉」。欒布後來成為將軍，得封為列侯，也成為漢代名將之一。

這樣的例子很多，還有劉邦對曾經預謀刺殺他的趙國屬臣貫高等，因佩服其爲主辯冤的氣節，也下令赦免。貫高雖然已經自殺了，但其他幾人都得到重用，成爲大臣。這些人的子孫都被封爲兩千石的大臣。這種氣度，更爲難得。因爲君主最恨刺客，一般是絕不會赦免的，更不用說加以重用了，劉邦不僅赦免了他們，還加以重用，確實很難得呀。

魏王豹、韓王信，都曾有過多次反覆，也曾投奔過項羽，但劉邦依舊加以任用、甚至依舊封其爲王。以致韓王信再次造反後，自己也覺無顏再歸降，但這正反襯出劉邦用人的大度。

外不避仇、內不避親，其實也就是經常所說的「任人唯賢」。

5 用你不喜歡的人

有一個事實，就是你不能讓所有人都喜歡你，同時，你也不可能喜歡所有的人。工作上，我們勢必就會遇到我們不喜歡的人。但如果你是管理者，團隊中有你不喜歡的人，那麼你會如何呢？

一個方法是讓他們走人，但是如果他們證實了自己的價值，你就需要用理智來調整你的管理風格，你團隊的生產力也會因此有改變。

只要對於自己有用，只要能夠給自己帶來實實在在的好處，即使是自己最討厭的人，劉邦也會以禮相待。酈食其就是一個很典型的例子。

酈食其本來是高陽一個落魄的儒生，秦朝尊法黜儒，由此可以想見儒生在秦朝的落魄境地。所以這個酈食其已經六十多歲了，還在靠給人家看大門混飯吃，很是落魄。

但是酈食其倒很有傲氣，很有點兒不遇明主決不出山的主意。雖然落魄無業，但是一般的人都不入他的法眼，所以地方吏員和豪強都不敢役使他，都把他看作

「狂生」，大概也有點拿他當「神經病」的意思。

其實，酈食其是個真正「大隱隱於市」的高人。他很有心計。當時他的兄弟酈商也趁著陳勝起義的機會，趁亂而起，拉起了一支數千人的隊伍，多次派人來請哥哥出山。但是酈食其覺得這些人目光短淺，不堪成大器，從心眼裡瞧不起他們，所以一直拒絕出山。當時的起義隊伍多如牛毛，經過高陽的時候，都知道這兒有個高明的人物，所以都來請他出山，但是酈食其都不願意為他們效力，他抱定「擇明主而事之」的念頭，不遇到明主，堅決不出山。

這一點倒是和項羽的「第一高參」范增有點兒相似。范增當年也是七十多歲的高齡了，同樣是懷才不遇，碰到一般的人還不願意出山，寧願在家裡紙上談兵，一心想要找個明主。

等了好多年，終於等來了霸王項羽，這才出山相助。這些恃才之士莫不企盼明主知遇，他們希望能遇見像知音一般理解自己的諸侯王公，從而一展胸中所學。這幾乎是幾千年來所有讀書人的夢想，酈食其和范增也跳不出這個框框。不過范增左等右等還是選錯了對象，而酈食其的眼光就要高那麼一籌。

說來也巧，酈食其有一個鄰居在劉邦的手下做騎從，大概也就是劉邦的警衛員吧。劉邦大軍西進關中，經過高陽時，一向愛才的劉邦就問這個高陽出身的警衛員，高陽這個地方有什麼人才嗎？

這個警衛員趁著回家探親的機會，就順口告知了酈食其。大概酈食其雖為看門人，但是「非高枝不棲」的原則大家都很瞭解。這位警衛員沒有想到隨口所講的這句話卻很對酈食其的口味，他對自己這位小老鄉說：「我聽說沛公放縱無禮，待人輕慢，喜歡罵人，但很有大志，這才是我所要等待的人呀，可惜沒人替我引見。你再見到沛公時，就對他說，『我有個姓酈的老鄉，今年有六十多歲了，別人都說他是個很狂的老頭，但是他自己並不認為自己很狂。』」

這個老鄉不願蹚這趟渾水，大概他深知劉邦的秉性，所以他對酈食其說：「劉邦這個人呀，一向不喜歡你們這些儒生，見人戴著儒生的帽子來拜訪他，他就把人家的帽子解下來，往裡面撒尿。跟儒生談話，經常破口大罵。所以你千萬不可以對沛公說你是儒生，否則可是自討苦吃。」酈食其倒很自信地說：「你就照我說的跟他講吧。」

要說劉邦也沒有受過儒生的迫害，如此討厭儒生，是一點兒理由都沒有，大概是秦始皇提倡的尊法貶儒思想，對其影響太大了；或者自己小時候沒有好好讀書，心裡對於讀書人有股出於自卑的一種憤恨，所以看見讀書人就想起了自己讀書時的窘相，就很是討厭讀書人，總是想辦法捉弄讀書人。

果然，酈食其請那位老鄉引薦他去見劉邦時，這位沛公「方踞床使兩女子洗足」，正伸長了兩條腿讓兩個年輕漂亮的女子進行「足療」呢。這很明顯就是對酈食其說：你來我這裡可不受歡迎呀！

好在酈食其受秦朝壓迫多年，對於這種侮辱知識份子的言行見怪不怪了，並有足夠的心理承受能力，於是也不同劉邦講什麼禮節，開口便問：「足下是要幫助秦來攻諸侯，還是要率領諸侯破秦？」劉邦一聽，這叫什麼話呀?!心裡火氣更大了，忍不住張口罵了起來：「你這個臭讀書人！因為天下同苦於秦的迫害，所以諸侯才聯合起來攻秦，哪有幫助秦攻諸侯的道理？」

這時酈食其可找到話說了，立馬板起臉孔教訓起了劉邦：「你對我不客氣，我對你也就不客氣了！既然您要討伐沒有道義的暴秦，就不應該用這種態度對待比您年長的人！」劉邦一聽，覺得這不是一個等閒之輩，便馬上停止了「足浴」，趕緊正了正衣裳，請酈食其上座，向他道歉。

酈食其大概從來都沒有受過這麼尊崇的待遇，便眉飛色舞地將自己的見解全都倒了出來，聽得劉邦也眉飛色舞，頓感「相見恨晚」，趕緊又設宴款待。酈食其酒足飯飽之後，也不再賣關子了，這才把自己的「錦囊妙計」獻了出來：「足下現在兵馬不足萬人，又多是烏合之眾，缺乏培訓，要攻進關中，如探虎口。陳留位居天下要衝，四通八達而無險阻，域內積粟極多，可資軍用。敝人與陳留縣令向有交情，可以替您跑一趟，勸服他自動投降。假使他不聽，您再發兵攻打，我做內應。」

劉邦大喜，便請酈食其先去說降，自己率軍隊隨後助威，果然很順利地佔據了陳留。六十多歲的老先生，無曹參、樊噲上陣殺敵之勇，光靠三寸不爛之舌，替他拿下了「城守甚堅」的陳留，取得大量兵器和足可供應三個月的糧草，憑此募軍，「從兵以萬數」，相當於把劉邦現有的實力擴充一倍，樂得劉邦馬上封酈食其為廣野君，隨後，酈食其又讓自己的兄弟酈商帶著他那支數千人的武裝，投順劉邦。

你看，劉邦用人就是一個原則：得對我有用，得對我有所幫助，否則一切免談。他討厭儒生，那可是真討厭，見到人家就往人家帽子裡撒尿。但是酈食其能夠對他有所幫助，立即又是請上座，又是設宴款待。

美國IBM公司的總裁小沃森用人的特點是「用人才不用奴才」。

有一天，一位中年人闖進小沃森的辦公室，大聲嚷嚷道：「我還有什麼盼頭！銷售總經理的差事丟了，現在幹著因人設事的閑差，有什麼意思?!」

這個人叫伯肯斯托克，是IBM公司「未來需求部」的負責人，他是剛剛去世不久的IBM公司第二把手柯克的好友。

由於柯克與小沃森是對頭，所以伯肯斯托克認為，柯克一死，小沃森定會收拾他，於是決定破罐破摔，打算辭職。

沃森父子以脾氣暴躁而聞名，但面對故意找碴的伯肯斯托克，小沃森並沒有發火，他瞭解對方心理。小沃森覺得，伯肯斯托克是個難得的人才，甚至比剛去世的柯克還精明。雖說此人是已故對手的下屬，性格又桀驁不馴，但為了公司的前途，小沃森決定盡力挽留他。

小沃森對伯肯斯托克說：「如果你真行，那麼，不僅在柯克手下，在我、我父親手下都能成功。如果你認為我不公平，那你就走，否則，你應該留下，因為這裡有許多的機遇。」

後來，事實證明留下伯肯斯托克是極其正確的，因為在促使IBM做起電腦生意方面，伯肯斯托克的貢獻最大。當小沃森極力勸說老沃森及IBM其他高級負責人儘快投入電腦行業時，公司總部回應者很少，而伯肯斯托克卻全力支持他。正是由於他們倆的攜手努力，才使IBM免於滅頂之災，並走向更輝煌的成功之路。

小沃森不僅挽留了伯肯斯托克，而且提拔了一批他並不喜歡、卻有真才實學的人。

他在回憶錄中寫道：「……在柯克死後挽留伯肯斯托克，是我有史以來所採取的最出色的行動之一！我總是毫不猶豫地提拔我不喜歡的人……那種討人喜歡的助手，喜歡與你一道外出釣魚的好友，則是管理中的陷阱。相反，我總是尋找精明能幹，愛挑毛病、語言尖刻、幾乎令人生厭的人，他們能對你推心置腹。如果你能把這些人安排在你周圍工作，耐心聽取他們的意見，那麼，你能取得的成就將是無限的。」

一個賢明的管理者要善於跟性格迴異的人合作，對你不喜歡的有才華的人也要提拔。他應該知道，跟不同風格的人共事不一定是壞事。只要各自的工作風格能夠珠聯璧合，配合得天衣無縫，他們的合作就會強而有力。

下面分享八種方法，幫助你和你最討厭的員工建立一種更好的工作關係。

・接受一個事實，你不必和你所有的員工都是朋友

明白業務和你個人生活的界限，在你和向你彙報的人之間保持一些情感距離是確實有幫助的，從績效的角度來看，喜歡你所管理的人太多問題更大。一些摩擦甚至會讓你的團隊重新思考它的作用方式。

・找到他們為什麼讓你討厭

是因爲他們的交流方式讓你發怒嗎？他們是過於強勢，或者不強勢？一旦你確定什麼讓他們如此讓你不滿，你會明白如何正確地管理他們。有一點很重要，就是記住你不能改變員工的個性，但是你可以改變你面對他們個性的方式。

・對他們保持主動

員工都希望老闆喜歡他們。和員工保持一種專業的、熱誠的關係，哪怕是最煩人的團隊成員。這會有助於讓你的關注點在你前面的任務上，也會有助防止未來的衝突。

・定睛在他們如何讓團隊獲益上

如果你已經瞭解這個員工是足夠有才能，可以留下來，那麼就專注於什麼會讓他們更有價值，而非他們會是多麼煩人上。如果他們的怪癖已經和他們現在的角色發生衝突，那麼想像是否他們能更好服務你。

・別讓情緒阻礙你的領導力

別讓他們令人討厭的習慣影響你對待他們的方式，或者評估他們的工作。通過努力瞭解他們背後的原因會有助於你更客觀。

・提前招呼

別讓你的友善成爲他們欺負你的原因。如果這個員工的傲慢態度，或者抱怨任務的趨勢，會讓團隊洩氣，那就要讓這些員工知道。對問題性的行爲要具體，有針對性，同時建議一些做這些事情的其他方式。

- **與他們密切合作**

研究表明，在困難專案上工作能在同事之間建立親近感。如果你給你的問題員工以機會來證明他們的價值，然後你會在工作上較少討厭他們，雖然你還不會很快邀請他們參與燒烤。

- **觀察其他人怎麼對待他們的**

看看辦公室的其他人如何對付這個員工的。你也許會意識到你正在和他們產生衝突。接下來，你可以做相應的調整。

6 ──管理人才，需要豁達大度──

管理人才，需要豁達大度。很多時候，一個人的度量決定了人才在多大程度上能夠服他。

劉邦打下天下後，建立漢王朝都有六年了，但是還有很多功臣沒封賞。不是劉邦不想封，而是這件事很麻煩，所以就一直拖下來了。後來，群臣中就開始議論紛紛，有人說皇上是不是準備不封我們了呢？還有的想，我當初和皇帝關係不太好，是不是他現在不想封我？另外還有些得罪過劉邦的，就想得更遠了，擔心自己小命不保。於是，這些人聚在一起，開始商量怎麼辦。議論紛紛，人心不穩。

這事傳到劉邦的耳中，劉邦想，這是一件很嚴重的事啊，於是問張良：「你說這件事現在成這樣了，該怎麼辦呢？」

不需要劉邦問，張良就已思考過這件事。所以劉邦一問他，他就回答劉邦：「皇上您想想，這些功臣中，有沒有功勞很大，但是和您的關係又很差的人？」劉邦說：「有，就是雍齒了。他侮辱過我好多次，我早就想殺了他。但是，他這人做事不錯，立過很多大功。所以，我於心不忍。」

張良說：「這就好辦了，您現在可以馬上封賞雍齒，讓群臣都來看看。」

劉邦聽了張良的話，馬上就封賞了雍齒。這下別的大臣都放心了：你看雍齒都封官了，我們還有什麼好擔心的。大家都知道雍齒是皇上最討厭的人，連他都能封侯，自然別的人就沒有問題了。

不以個人喜好對人處世，獎罰分明，不計前嫌來對待下屬，劉邦用這個方法，終於安定了群臣的心。管理者和下屬之間經常會有很多矛盾，用豁達的態度去對待這些矛盾，就一定能贏得下屬的尊重和服從。

我們常說「心有多大事業就有多大，胸懷有多寬事業就有多廣。」心胸寬則能容，能容則眾歸，眾歸則才聚，才聚則事業強。因此，成就大事業的人要有容人、容智、容物、容事的肚量。

唐代，以耿直敢諫著稱的魏徵，曾輔佐太子李建成。他見秦王李世民功業漸大，聲望日隆，曾勸李建成及早除掉李世民，以免除後患。玄武門兵變後，李建成被殺，李世民召見魏徵，問他：「你為何離間我們兄弟？」他面無懼色，答曰：「太子若早聽我言，必無今日殺身之禍。」按說，魏徵必死無疑，但李世民不僅未殺魏徵，還十分器重他的才幹，欣賞他耿直不屈的性格，拜他為諫議大夫。魏徵也不負眾望，竭力輔佐李世民，成為一代名臣。

寬容是人類性情的空間，懂得寬容別人，自己的性情也就有了周旋的餘地。寬厚者，以其睿智的善良，容納了一切的美好，一切邪惡的靈魂。寬厚的力量，是藍色海洋永遠不息的湧動之力，是茫茫天空無言的包蘊之力，是寬廣無比強大無比的心靈之力。做人不僅要有寬廣的胸懷，還要有一點氣量，這樣有助於個人的成長，不至於因爲一點小事而面臨尷尬的境地。同樣，一個有氣量的人，也是一個受人尊敬的人。寬厚待人，才會得到更多人的擁護和支持，才能在他人心裡留有一定的位置，自己的理想抱負才能更易實現。

第八章

跳槽與反跳槽的博弈：贏得下屬的忠誠度

作為一個管理者，能讓部下把自己當成最好的朋友，劉邦無疑是做得相當成功的。「士為知己者死。」作為人才，管理者對他們的信任和重用，會充分調動他們潛在的能力，自然而然地生出對公司的忠誠度。

1 發自內心地愛護員工

作為一個管理者，能讓部下把自己當成最好的朋友，劉邦無疑是做得相當成功的。很多人在談到管理時總是認為做好管理最重要的是制度，殊不知做好管理，人緣更為重要。制度也許在小事上可以對下屬有所約束，但是肯定不能讓下屬甘願為了公司去做任何犧牲。

所以，要真正贏得下屬的忠誠，還得靠管理者的個人魅力。

有一次，夏侯嬰升官了，非常高興，就把這好消息告訴給劉邦。劉邦也替夏侯嬰高興，於是兩個人弄來酒菜，你來我往地痛痛快快喝起來了。喝到興起，劉邦和夏侯嬰拿出劍來比畫著玩。結果一不小心，劉邦把夏侯嬰給弄傷了。這事剛好被別人看到，那人就去向縣令告發，罪名是劉邦蓄意傷害「國家公務員」。這在當時可是很重的罪，劉邦急壞了，就和夏侯嬰想辦法。

罪名是有了，可是要問劉邦的罪得有證人啊。當然，最有力的證人就是夏侯嬰了，縣令就把夏侯嬰找來，問是誰把你砍傷的。夏侯嬰只說是自己不小心砍傷的。

不管縣令怎樣問，夏侯嬰就是不肯招認出劉邦來，最後受到了鞭撻一百下，入獄一年的刑，但即使這樣他也沒說出劉邦一個字來。這件事上，感觸最深的當數蕭何和曹參二人了，當時他們二人同在縣裡為官，上上下下也為劉邦打點了不少。他們看到夏侯嬰那種為了劉邦犧牲而不計較任何得失的勁兒，也為劉邦的個人魅力所折服。這也是他們日後擁護劉邦起兵，又忠心耿耿跟隨劉邦打天下的動力之一。

如果員工感受到工作在一個充滿寬容和愛的集體裡，才會有被重視、被鼓舞的感覺，工作起來才會真正發自內心，才願意爲這個集體全力以赴。

星巴克公司的愛心管理可以說是獨樹一幟。

星巴克自成立之始，發展到今天遍佈世界三十四個國家和地區的八千三百家，擁有員工七萬二千餘人，與它高品質的咖啡產品和品牌分不開，更與它獨特的公司文化和人文管理緊密相關。

與大多數公司信奉的「投資回報（Return of Investment）」理念不同，星巴克信奉的是「快樂回報（Return of Happiness）」原則。

其邏輯是：公司應該使員工快樂，因為員工快樂了顧客才會快樂，而顧客快樂了才會成為回頭客，生意人氣才會兩旺，股東才會快樂。

讓員工快樂的重要一環是優厚的福利待遇。

在星巴克，雖然很多員工是小時工，但公司依然給他們股份，戲稱「Bean Stock（咖啡豆股）」。

此外，公司還將優厚的醫療保險計畫延伸到員工的配偶，包括同性配偶。

星巴克提倡開心平等的團隊工作文化，所有為星巴克工作的人，尤其是新開店的員工，無論他們在哪個國家，都會被送到西雅圖培訓團隊合作的技巧，體會團隊成員磨合的過程。

星巴克善待員工的結果換來的是員工的忠誠敬業。

在這個員工離職率極高的行業（如麥當勞員工離職率高過百分百），星巴克的員工離職率只有百分之十三。

也正是這些員工，在「快樂回報」的制度下努力工作，才把星巴克的事業越做越大。

如果管理者能夠將愛帶到企業中，就會給員工帶來巨大的精神動力，這種效果有時甚至超過了單純的物質獎勵。在對待員工時不要總是擺出一副高高在上的姿態，讓他們感覺到上級和下級之間有一條不可逾越的鴻溝。在平時的工作和生活中要盡可能多地給員工以體貼、關愛，對他們出現的困難要及時伸出援助之手，絕不可袖手旁觀。

人都是有感情的，哪怕你的一點點關心和愛護，都會讓員工感受到無窮的溫暖，這樣無疑會加大他們與你之間的親和力和凝聚力。因此說，企業家應該放寬心胸和視野，讓愛滲透到管理中，真正給員工以愛的支援。

2 巧用物質獎勵激勵員工

古語云：「軍無財，士不來；軍無賞，士不往。」獎勵是刺激人們努力工作的有效手段。在商海博弈中，那些成功的博弈者往往善於利用物質獎勵刺激骨幹員工的積極性，使其發揮骨幹作用，讓自己的企業在商海博弈中始終能保持旺盛的生命力和強大的競爭力。

韓信想，自己成就了不世之功，而且拒絕了項羽的要求，身分和地位總應該有所改變吧！

於是，韓信派使者向劉邦提出要求：「齊國人工於智謀偽詐，反覆不定，南邊又有楚國，如果不對其實施有效治理，那麼勢必對我們不利。所以請暫時晉封我為齊國的假王，以便能夠有效地鎮住齊國人。」

劉邦此時正為自己的傷勢未癒、諸事憂心而煩惱不已。他期待韓信能在穩定齊國後立即率軍南下，從背後威脅項羽，以減輕自己的壓力。聽說韓信派的使者到來了，非常高興地、正式地接見了使者。

可是，當他聽到韓信只要求封自己為王，沒提到一點積極性的建議時，不禁怒罵道：「這傢伙應該知道我被困在這裡，他不想辦法趕快來幫助我，卻只想自立為王，真辜負我……」

話還沒講完，站在身旁的張良和陳平走過來，輕輕踩了一下劉邦的腳。劉邦很警覺，立刻醒悟，靈機一動，隨即改口說：「這傢伙也真是的，大丈夫既能平定諸侯，理應為真王，幹嗎還要做假王呢?!」

劉邦特別派張良持印綬前往齊國，正式晉封韓信為齊王，並令韓信即日出兵南下攻打楚國，以逼迫項羽撤軍自衛。

平心而論，劉邦是不想封韓信為王的，但是為了有效對抗項羽，又不得不封韓信為王。事實證明，劉邦此舉是很高明的，也是非常有效的。封韓信為齊王，可以繼續讓韓信留在自己的陣營裡，使項羽處於更加不利的戰略態勢。可以說，項羽的失敗已經不可避免了。

在這個世界上，人與人之間的關係可以有成千上萬，但其中有一個關係是最根本的，那就是利益關係。如果一個人的利益得不到充分的獲取，其餘的一切關係都將成爲浮雲，更談不上什麼快樂。因此，利益的獲取是快樂生活的第一站。

豐厚的物質獎勵能非常明顯地提升士氣，尤其在公司組建的初期，由於沒有形成特定的公司文化，職務升遷和物質獎勵就成爲調動員工積極性的最有效手段。如果企業的員工看不到希望與寄託，而且得不到多少利益時，也就根本無法形成對企業和老闆的忠實度。好比牧羊人要爲羊群找到青草，羊群才會爲他帶來更大收益。

「故殺敵者，怒也；取敵之利者，貨也。故車戰得車十乘以上，賞其先得者，而更其旌旗。車雜而乘之，卒善而養之，是謂勝敵而益強。故兵貴勝，不貴久」。孫子的這段話，翻譯成白話就是：要使士兵奮勇殺敵，一定要使他們群情激憤；要獲得敵人的軍需物資，就離不開用財物獎勵士兵。車戰中，繳獲敵人十輛以上戰車，就獎勵首先奪取戰車的士兵，並換上我軍的旗幟，編入我軍的隊伍，還要優待俘虜，這就叫既戰勝了敵人，又加強了自己。

美國的羅伯梅德家庭用品公司，八年來生產迅速發展，利潤以每年百分之十八至百分之二十的速度增長。

該公司建立了利潤分享制度，把每年所賺的利潤，取一定份額，按所規定的一個比例分配給每一個員工。這就是說，公司賺得越多，員工也就分得越多。員工明白了這個「水漲船高」的道理，人人奮勇，個個爭先，積極生產自不待說，而且主動改進產品。因此，該公司在家庭用品業中一直以高質素稱著，贏得大量訂單。

從表面上看，職員的工資高，成本也就高，利潤就偏少。而事實上，該公司形成了一個良性循環的增值體系：高工資↓高效率↓高利潤↓更高工資↓更高效率↓更高利潤……就長期而言，給雇員支付高於一般水準的工資，反而是一項降低成本的有效手段，因為雇員的工資，畢竟只是新增長的利潤的一部分。高工資手段還能起到加強企業向心力的作用，穩定雇員隊伍，還能從別處挖來人才。

羅伯梅德公司「拋磚引玉」的良苦用心換得了財源滾滾來。這個明智之舉已為越來越多的企業所效仿。

日本著名企業家松下幸之助認為，管理者並不是高高在上，而是站在職員背後幫助他們前進的人。他宣導管理者「替員工端上一杯茶」。這茶並不是指真正的茶，而是指通過各種方式使員工感到振奮，從而提高工作效率，達到「引玉」的目的就可以了。他認為關鍵是要體現出處處為員工利益著想，體現地位平等和尊重員工的精神。

企業想讓員工忠誠，首先要保證的必須是利益，其次才能談到其他方面。雖然薪酬是企業管理人力資源的有效手段，但由於薪酬會直接影響到員工的工作情緒，使用不好會造成負面影響，所以每一個公司對薪酬都應慎重進行。這也是企業制訂激勵機制的共識。

領導辦事，貴在用人，而要用好人，則首先應給人一些好處和利益。古今中外，用人而不予人利益就能辦好事的很少見到。人世間任何一個人的進取精神和事業心，都是與某種利益相關聯，或爲立功，或爲立言，或爲財利，或爲子孫之業，或爲精神上的快樂。

「主將之法」在於攬英雄之心，其方法之一就是考慮人才的利益要求。《三略》中說：「夫用人之道，尊以爵，贍以財，則士自來。」意思是說：用人的方法，就是按功行責，有大功者封以爵位，以示其尊，以成其名；並給予財物以供養他，以濟其生，以濟其家。這樣才能使能人志士無後顧之憂，無叛逆之心。

兵書中總結說：「禮崇則智士至，祿重則義士輕死。」就是說，尊崇有才能的人，那麼智謀雙全之士就會投奔於你；俸祿優厚，忠義之士就會死命報效。所以在對待真正的能人賢才時，不要吝惜錢財，封賞有助之士，不要有意拖延，錯過最佳時機。這樣就能上下團結，並辦成事。如果不考慮賢能人的利益要求，一味地只要他們奉獻，這就猶如只要馬兒跑，卻不給馬兒草料一樣，久而久之，必然人心渙散，就會有背離之心，而無效命之恩。

一般來說，志士仁人對於利益並不過分要求，所要求的多爲處尊位、揚其名。但是不過分要求利益，並非不要利益。因爲才智之士其才能所帶來的利益是巨大的，有時候他們的一個策略、一次謀劃，頂得上千軍萬馬。所以尊之以爵，以顯其名，贍之以利，以對其功，是用人的基本法則。

3 留住公司的骨幹力量

劉邦進漢中時，一些將士不堪漢中之苦，不斷逃亡。如何繫住官兵的心，使之心甘情願地跟隨自己經營漢中，進而奪取天下，是關係到劉邦生存和發展的重大戰略問題。在蕭何的建議下，劉邦重用韓信，拜韓信爲大將，使將士們看到了自己的前途所在，從而留住了一大批思想本有所動搖的骨幹力量，爲自己博弈天下儲備了豐厚的人力資源。

韓信是楚國人，出身於沒落的士族家庭，雖然受過教育，但因為家裡非常貧窮，所以一直不走運。他為官無門，經商又缺乏本錢和人脈關係，最後變成了無業遊民，常去親戚朋友家白吃白喝，弄得很多人都不想看到他。

項梁叔侄在會稽郡起兵後，韓信主動投到項梁帳下，做了一名小軍官。在項梁軍隊裡，韓信也很不起眼。

後來，韓信又被編入了項羽的軍隊。一段時間後，韓信被任命為郎中，可以參與軍事策劃。但是，韓信很快就失望了。因為作為天才將領的項羽根本用不上智囊，他身邊只要有一個范增就足夠了。雖然韓信曾向項羽提出過很多戰略計畫，但項羽連看也不看一眼。

韓信知道在項羽麾下毫無用處，決心另尋新主，以施展自己的才華。

進入咸陽後，韓信目睹了項羽的殘暴，看到了劉邦的仁政，決定追隨劉邦。於是，在劉邦進入漢中時，韓信主動向項羽請示，願意跟隨劉邦進入漢中，項羽早就對他有些厭煩，便趁機把他劃歸了劉邦屬下。

劉邦正被行軍的困難和逃兵事件搞得頭昏腦漲，無暇顧及軍中隱藏著多少人才，而且韓信是項羽那邊派來的將領，劉邦當然不會對他太過信任。

進入漢中後，逃亡的將士更多了。樊噲等老部下都感到束手無策，對劉邦軍隊的前途頗為悲觀。韓信卻認為，讓沒有信心、吃不了苦的人離去，反而會有過濾的作用，對強化劉邦的軍隊更有幫助。但是，無論韓信怎麼樂觀，他卻始終得不到重用。

有一次，劉邦的老部下夏侯嬰向劉邦推薦了韓信，但劉邦並沒有重用他，只是讓他當了治粟都尉。

韓信當上治粟都尉後，與夏侯嬰交情不錯的蕭何開始注意到了他，並主動找他談過幾次話，瞭解了他的才識，經過一番考察，蕭何認為韓信是一塊尚待琢磨的璞玉，也是劉邦陣容中最缺乏的人才。即使給韓信任何一個他能安排的官職，都不能讓他完全發揮自己的才能。因此，對於韓信，蕭何想讓劉邦親自來安排重用他。

不過，蕭何一向較冷靜，不願將心中的想法過早地讓韓信知道，以免韓信因急著成功，表現得太積極，反而引起劉邦陣營中其他將領的反感。

韓信也確信蕭何必定深為自己的表現所折服，也必定向劉邦數度推薦過自己，之所以遲遲沒有結果，是因為問題出在劉邦身上。或許劉邦根本就不需要像自己這樣的人才。如果確實是如此，那麼自己留下來也沒有什麼希望了。於是，看到士兵紛紛逃亡，韓信也決定逃回中原，另外尋找出人頭地的機會。

韓信逃走後，蕭何得到消息，來不及告訴劉邦就騎馬追了出去。追趕了兩天，蕭何終於在快出漢中的邊界將韓信追了回來。

蕭何對劉邦說：「那些逃走的將領只是普通將才，我們並不缺乏，但像韓信這種人才，正是我們最需要的，絕對不能流失。如果大王想長年在漢中當王，韓信可能派不上什麼用場，但如果大王想復出關中，與項羽爭雄天下，沒有韓信這樣的人，是很難實現目標的。要不要留住韓信，主要還在大王的決定！」

劉邦說：「我當然想回東方去和項羽爭奪天下，怎能一輩子在這個地方呢？」

蕭何說：「如果您有回東方的計畫，那麼就必須要重用韓信。只有這樣，韓信才會留下來，否則，他一定會再度逃亡！」

劉邦見蕭何如此說法，便問他應該安排韓信做什麼官。蕭何說，普通將領的職位是留不住韓信的，只有安排他做大將，才能留住他。劉邦很爽快地答應了，隨即就要下達命令封韓信為大將。

蕭何看到劉邦一反常態，封大將如同兒戲，便鄭重地要求他選擇一個良辰吉日，正式拜封韓信為大將。劉邦見蕭何這樣認真，只好答應選擇吉日，正式拜封韓信為大將。

韓信拜將後，其他將領的心情是複雜的，既有點失望，也有點鬆了一口氣，因為他們總算不必去承擔這個可能和項羽正面對決的責任。而劉邦卻最為高興。好幾個月來，他內心都非常沉悶，因為難以找到一個能夠擔當正面與項羽對決重任的大將。現在，有蕭何和夏侯嬰都非常看好並極力推薦的「賢者」——韓信出任大將，豈不是解決了自己心中的一大難題？

值得劉邦高興的還有兩個原因：

其一，劉邦一向「沒有太多主見」，很願意接受別人的想法，只要講得有道理，他都能接受。平時，蕭何不會隨便提意見，但是只要提意見就是非常有見地的，執行起來往往就是正確的。夏侯嬰推薦的韓信他不怎麼放心，但是蕭何推薦的韓信，是讓他比較放心的。

其二，韓信出身低微，猛然晉升為大將，對穩定軍心，避免官兵逃逸，是非常有幫助的。進入漢中以來，官兵逃逸一直是他的心病。韓信拜將可以使一些有逃逸想法的將領看到：在漢王手下幹事，只要有才華，就會有出頭之日。同時，還可以讓天下的有志之士都清清楚楚地看到，漢王用人一向任人唯賢，連韓信這樣的逃亡者，漢王不僅不殺他，還將其拜為大將，可見其寬容大度和求賢若渴之心。對於這一點，劉邦心裡是很清楚的。因為在將來與項羽的博弈中，自己免不了有被擊潰的時候，對官兵們寬容一些，可以使官兵們在戰場上潰散後，能夠放心無憂地歸隊，重新聚集在一起。

拜將完畢之後，劉邦依禮節請韓信上坐，與韓信談起了天下大勢。這是一個禮節，也是劉邦對韓信的一種試探，更是讓韓信樹立威信的一次機會。

劉邦求才並不是稀裡糊塗的，他非常看重真才實學。在討論天下形勢時，韓信對項王的優缺點做了詳細的分析，並提出了一些具體建議。

對此，劉邦非常信服，當場表示自己此前有眼無珠，不識大賢；並將東進的任務全權交給韓信去規劃，軍隊也完全歸韓信去部署指揮。

劉邦的慷慨放權一下子拴住了韓信的心。士為知己者死，從此韓信決定死心塌地地幫助劉邦經略天下。

任何一個組織，出現人員流失是正常的，但並不是每一個成員的流失都「正常」，尤其是骨幹人員的流失，因爲骨幹人員的流失對組織的損失是巨大的。因此，對於一個高明的管理者來說，無論自己的組織人員怎麼流動，他們都會想辦法留住最爲關鍵的骨幹人員，留住了骨幹人員，就留住了在博弈中獲勝的希望。

美國的沃爾克教授說：「對於留住人才的重要因素，人們往往以爲是金錢，其實並非如此。他們在一段時間內可能會關注薪酬，但員工如果對工作失去了興趣，單單靠金錢是不能留住他們的。」

經過調查，許多公司發現，向員工承諾吸引他們的更好的其他條件確實比較能吸引他們的注意。這些條件包括對工作的滿意程度、對集體歸屬感、處理好工作與生活之間關係的能力，以及個人發展的機會。

聯信公司人力資源部經理鄧尼斯說：「這聽起來似乎有點可笑，但留住人才的藝術和經驗告訴我們，這些東西雖然很簡單，但卻是非常重要的。」因此，雖然一些留住人才的計畫主要包括增加獎金和公司提供後勤服務，以及使生活更加舒適的特殊待遇，但更加重要的戰略則是以發展計畫爲核心。

4—珍惜人才，好馬也吃「回頭草」—

中國有句俗話：「好馬不吃回頭草」，現在許多企業主在對待離職員工的態度上也抱有同樣的成見，受傳統思想的影響，他們認為跳槽員工的「忠誠度」值得懷疑，同時返聘員工在面子上也說不過去。其實這是一種錯誤的認識。

當年，劉邦蝸居漢中，急需一位大將為自己打開局面，這時蕭何向劉邦推薦了韓信。但劉邦當時並沒有予以重用。直至後來，蕭何月下追韓信，出來時急得連招呼也沒有和劉邦打一下。

丞相失蹤，沒人主持工作，馬上有人向漢王報告：「蕭何逃跑了。」劉邦既怒且急，就像一下子失去了左右手，過了一兩天，蕭何來見劉邦，劉邦又生氣又高興，開口便罵他：「怎麼你也背叛我?!」蕭何說：「我怎麼敢逃？我是去追趕逃亡者的。」劉邦忙問：「你去追哪一個？」蕭何說：「追韓信。」劉邦馬上又罵了起來：「將軍都逃走了幾十個，你不去追。說是去追韓信，你不是在騙我嗎？」蕭何說：「將軍之類，很容易得到，韓信卻是天下無雙的統帥之才！大王若是打算長期在漢中做王，自然無須重用韓信：若欲爭奪天下，再無他人抵得上韓信。用不用韓信，全看大王怎樣打算。」

劉邦說：「我當然要爭奪天下，誰願意老窩在這裡？」蕭何說：「那你就必須用韓信，用他，他就會留下；不用他，他還是要逃走的。」劉邦說：「行，我用他為將。」蕭何搖頭：「即使用他為將，他還是要跑的。」劉邦急了：「我用他為大將。」蕭何馬上說：「太好了！」性急的劉邦便要派人召韓信來，拜為大將。蕭何忙攔住說：「大王待人，一向侮慢無禮，現在召人來拜大將，就像傳喚個小孩子那樣輕易，這正是韓信會離開的原因。大王如決心拜他為大將，就該事先擇定個好日子，齋戒沐浴，設立壇場，屆時行登壇拜將的大禮，這樣才可以使韓信真正行使大將的職權。」劉邦聽他這麼說，也接受了。

劉邦接受蕭何的意見，有意鄭重其事，在城南郊修築拜將台，準備選擇吉日拜封大將。至今在漢中市南門外，還有南北列置的兩座方形高臺，磚砌邊，土夯心，各高丈許，兩台周長各百餘步，面積達兩千餘平方米，南臺上樹有「韓信拜將台」碑，相傳即韓信受封後登臺發號施令處；北台相傳為漢王劉邦為韓信授大將印，並觀摩其操演軍隊所坐之處。

命將禮儀，古已有之，一般在太廟舉行，但在露天築壇拜將，則是比較少見的大禮，因為高壇本是舉行祭天大禮的地方，在高壇上拜將，是表示承天命而專行征伐。除築壇之外，尚有占卜求吉、國君齋戒等一系列準備工作，其在劉邦集團內引起的震動，可想而知。

由此可見當時劉邦對於韓信為自己解脫困局所抱的巨大期望。

而韓信也沒有辜負劉邦的期望，為劉邦立下了大功，背水一戰，三千勝十萬，平定趙；接著揮師南下，又取下齊地七十二城；設下十面埋伏計，垓下一戰，逼得項羽烏江自刎。可以說，韓信為劉邦立下了赫赫戰功。也難怪劉邦要為韓信破天荒地設立拜將台。

在現代人力資源管理體系中關於「惜才理念」的範疇是很廣泛的，人才的跳槽離去是公司的一種損失，「新草看上去可能更綠一些，但事實往往並非如此，所以應該叫他們回來，並告訴他們公司非常想念他們。第一次雇用他們時可能由於瞭解不夠而不知道她們的價值並做出相應承諾，但在第二次你就可能發現金礦！」

摩托羅拉公司對於離職員工的返聘有這樣一條規定：如果公司員工離開公司九十天以內重新回到公司，其工齡將跳過這一段離職時間連續計算。

近年來，許多跨國公司的人力資源部出現了一個新的職位：「舊雇員關係主管」，專門負責與前雇員的聯繫工作。麥肯錫公司則把離職員工的聯繫方式、個人基本情況以及職業生涯的變動情況輸入前雇員關聯式資料庫，建立一個名爲「麥肯錫校友錄」的花名冊，現在這些離職人員中不乏上市公司CEO、華爾街投資專家、教授和政府官員，這些人至今與公司保持著良好的關係，其實麥肯錫也很清楚這些離職的人才再回到公司的可能性並不大，但這些身處各個領域的社會精英們隨時都會給麥肯錫帶來更多的商機！

人才跳槽之後的經歷對他們而言是一段寶貴的財富，不同的環境和工作內容進一步鍛煉了他們的能力，閱歷也隨之增加。這樣的人才對公司來說遠比一個新手要重要得多，分析資料表明，雇用一個新員工所需支付的招聘、培訓費用以及相關的業務耗費超過了所需支付給該員工的個人薪酬，但是如果這個人原本就熟悉公司現有的業務流程，能夠順暢地與公司管理層進行溝通，並且無須支付上崗前的培訓費用呢？

5 民心決定了管理的成敗

「得民心者得天下」，劉邦成功的關鍵因素之一，就是利用好了民眾對自己的支持。和項羽每攻下一座城池就要屠城相反的是，劉邦每到一處，必嚴令手下不得擾民。「水能載舟，亦能覆舟。」民眾爲水，作爲一個最終獲得天下的管理者，劉邦在這一點上看得非常清楚，他懂得怎樣適時地利用好民眾的情緒。

項羽就是這方面的一個很好的反面例子。論個人能力，項羽比劉邦不知道要高多少倍，可是項羽沒有凝聚力。唯一的一個謀士范增的意見，他都聽不進去；獨斷專橫，總是想憑個人的能力來完成每一件事情。項羽用這樣的管理方法，最終失去天下應該是很正常的了。

陳勝吳廣起義，他們首先做的是分析當時的形勢：秦朝暴虐，民不聊生，大多數人已經到了無法忍受的地步。還有就是他們當時面臨的困境，去報到也是死，逃亡被抓住也是死。在這種心情下，大多數人都會選擇反抗。如果起義的話，當然得有人追隨，怎樣讓人肯追隨自己呢？陳勝這個時候比不上劉邦，劉邦在沛縣幾十年，一直在經營人脈，後來隨他起義的大都是他在沛縣結識的朋友。

陳勝要人追隨他，根基尚淺，因為大家對他並不熟悉，缺乏認可他的基礎。和劉邦想的一樣，當時的人大多相信鬼神和命運，吳廣就想了個辦法，用在魚腹中放書帛，用人裝成狐狸來宣告自己的與眾不同。陳勝的這些方法，為他贏得了人心，所以雖然沒有死心塌地效忠他的人，但是振臂一呼，大家都願意追隨他。

與其說是追隨陳勝的人響應了他的號召，不如說陳勝順應了民意，否則也不會有那樣多的人在他舉事之初就加入到他的隊伍中來。

雖然順應了民意，但是陳勝畢竟根基尚淺，而且他在取得小小的勝利後就急於稱王。這時，他的做法就開始違背民意了。所以，陳勝只取得了階段性成績，和他的急於求成及民眾根基並不牢靠是相關的。

據說陳勝稱王後，當初和他一起做苦工的同伴來找他。一見到陳勝就大呼他的小名，而且總是提他過去的一些事情。他手下的人就說：「客愚無知，顓妄言，輕威。」意思是這些人沒有知識和修養亂說話，一點也不顧及大王的面子和威信。於是，陳勝下令把這些人給殺掉了。

被陳勝殺掉的人，應該是還記得陳勝當初說過的：「苟富貴，勿相忘。」他們太較真了，那不過是陳勝一時興之所至所發的豪言壯語。就連陳勝妻子的父兄來看他，他也顯得十分狂傲無禮，以致他妻子的父兄大怒而去。從這件小事就可以看出來，陳勝只不過是憑藉了一時的時勢，才有了當時的地位。細究起來，他根本不具備成大事者應該具備的條件。

反觀當時緊跟陳勝起事的劉邦，對待同鄉就是完全不同的態度，所以人人都願意追隨他。

《高祖本紀》載：「……高祖大朝諸侯群臣，置酒未央前殿。高祖奉玉卮，起為太上皇壽，曰：『始大人常以臣無賴，不能治產業，不如仲力。今某之業所就孰與仲多？』殿上群臣皆呼萬歲，大笑為樂。」

這段話是說，劉邦當皇帝後，為自己的父親（也就是當初的劉公，現在是太上皇了）祝壽。席間他向父親敬酒，問他的父親：「老爸啊，當初你經常說我無賴，沒有置下什麼家產，不如劉仲。現在我置下的家產和劉仲相比，是誰的多啊？」殿下的群臣聽到劉邦這樣說，都大聲高呼萬歲，大家大笑。劉邦也並不是真的計較這件事。其間的父子之情，其樂融融，表現得令人羨慕。

這時的劉邦是何等坦蕩，雖然之前有和項羽那段就算烹了劉公也不出戰的對話。但是，這件事也絲毫沒有影響他們的父子情深。劉公必定也是非常的父親，明白兒子當初是別無選擇，所以並沒有心存芥蒂。

「得人心者得天下」，這句話用到管理中也是很有用處的。一般來說，在管理上，小公司靠的是人情，也就是人際關係的處理來管理；大公司靠的是制度，因爲大公司人多，管理人員不可能和每一個人都熟悉，所以就得有一項行之有效的管理制度。但是，在靠制度管理的同時，大公司同樣應該表現出人情味，這樣才能得到員工對公司的歸屬感和認同感。

管理中，仍然有很多方面可以做到人性化的。在很多大公司，他們會記下員工的生日。當員工生日時，會準時收到公司寄來的一份禮物。一些公司甚至會記下員工親人的電話，當員工親人生日時，也會準時收到公司的祝賀。

就是這樣一些小小的細節，就能夠贏得員工對公司的認同感和歸屬感。得人心者得天下，得人心者同樣能夠成爲一個好的管理者。所有成功的管理，其實都是建立在員工對公司認可的基礎上的。

6 —用人不疑，疑人不用—

對一個管理者來說，個人才能重要，用人更重要。

同樣是經營巴蜀之地，劉邦的才能和諸葛亮相比，可以說是相差巨大。但是，劉邦暗度陳倉出漢中後，就再也沒有回去。中間征戰無數，其間雖然也有敗績，但是最終贏得了天下。而諸葛亮數次北伐，都是無功而返。其中的原因就是在用人之道上：劉邦所有的事都交給臣下去處理，自己只負責全域；而諸葛亮則是從頭到尾，事事都要過問。

也有人曾用「陳平不知錢糧之數」來勸過諸葛亮，讓他把事情多交一些給別人做。但是諸葛亮說，因為先主托孤給他，有感於劉備的知遇之恩，所以事無巨細，總要自己親自去做才放心。

「陳平不知錢糧之數」，是漢朝發生的一件事。劉邦死後，陳平和周勃同為左右丞相。一次，漢文帝問周勃，現在全國一年抓起來的犯人有多少？周勃回答不知道。漢文帝又問：「全國一年收入的錢谷有多少？」周勃又回答不出來，羞愧得汗流浹背。

這時漢文帝又問左丞相陳平，陳平回答說：「有負責管這事的官員。」漢文帝又問是誰負責這些事。陳平回答：「陛下如果要問判刑的人數，可以問廷尉；如果要問錢谷的收入，可以問粟內史。」

漢文帝聽了很生氣，就說：「什麼事都有人管，那麼還要皇帝做什麼？」陳平不慌不忙地說：「皇帝管理臣下。丞相的職責是幫助天子治理天下，讓四方諸侯服從，讓老百姓歸順，讓文武百官各盡其責。」

文帝聽了，很高興地誇陳平回答得好。周勃私下就責怪陳平說：「你為什麼不教我這樣回答呢？」陳平笑著說：「你坐在丞相這個位置上，難道不知道丞相該做什麼事？」周勃慚愧於自己的才能不如陳平，就稱病辭去了丞相職務，於是只剩下陳平一個人做丞相了。

蜀國並非沒有人才，可以說是人才濟濟，但是諸葛亮很多事都不放心讓別人去做。比如魏延就曾經對諸葛亮提出過很好的計策，但是因爲謹慎，諸葛亮沒有用魏延的計策。其中的原因，就是因爲諸葛亮不敢放權。還有馬超，當初在西涼時，和曹操單挑，殺得曹操割鬚斷袍。但是馬超自從跟了劉備後，就一直默默無聞了。什麼原因？有人說是馬超不敢做什麼了。錯，其實是諸葛亮並沒有用馬超做什麼，只是讓他鎮守一個關口，可以說得上是大材小用了。

歷史上還有一個會用人的人物——曹操。曹操和袁紹一起起兵討伐董卓，袁紹問曹操如果這次不能成功準備怎麼辦。曹操反問袁紹準備怎麼辦。袁紹當時的回答是：「吾南據河，北阻燕、代，兼戎狄之眾，南向以爭天下，庶可以濟乎？」而曹操卻說：「吾任天下之智力，以道御之，無所不可。」意思是說，用天下人的才智，用正確的方法來使用，這樣就可以了。

袁紹當時勢力很大，占盡地利，所以就很自豪地向曹操展示自己的實力。但是曹操的方法似乎更高明一些，他想的是怎樣用人來爭取天下。果然，官渡之戰，曹操以少勝多，打敗袁紹，最後滅掉了袁紹，可見人才是最大的財富。袁紹手下也是人才濟濟，可是袁紹卻不能善用人才，導致最終失去了天下。以至於後來曹操歎道：「河北忠義之士，怎麼如此之多，可惜本初（袁紹字）不會用人，要不天下到底屬於誰還未可知。」

曹操打敗袁紹後，在繳獲的文件圖書中發現一些書信，是曹操手下人和袁紹暗中通信所寫。有人就對曹操說，可以按照姓名核實，把這些和袁紹暗中來往的人都殺掉。曹操這樣回答：「算了，當時袁紹那樣強大，我自己都不敢肯定能贏，何況別人。」他讓人把那些信全部燒掉，不再追究這件事。由此可以看出曹操用人的度量，他手下人和敵人私通，他有機會知道是哪些人，但是卻不去追究。而是設身處地地為別人著想：當時自己都岌岌可危，別人有些想法應該是可以原諒的。如此深明大義，那些暗中想要投靠袁紹的人除了心中說聲「慚愧」外，日後肯定會忠心耿耿地服從於他了。

作為管理者，曹操真正做到了疑人不用，用人不疑。龐德原來是馬超手下的大將，馬超敗給了曹操，帶著龐德一起投靠了張魯。張魯敗給曹操，龐德感激曹操恩義，投降了曹操。

關羽攻打樊城，曹操命于禁帶兵去救援，龐德自薦願為先鋒。這時于禁手下人對于禁說：「龐德原來是馬超手下的副將，沒辦法了才投降的。現在他的故主馬超在蜀國為官居『五虎上將』，他的哥哥龐柔也在西川當官，用他做先鋒，是潑油救火。將軍為什麼不去找魏王，讓他另外換一個人？」

于禁聽了這話，連夜就去告知曹操，曹操一聽，這話有道理啊。馬上把龐德叫過來，要他交出先鋒印來。龐德聽了說：「我正打算為大王出力，為什麼大王現在不肯用我了？」曹操說：「我本來對你沒什麼猜疑，但是現在馬超在西川做官，你的哥哥龐柔也在那邊做官，都是在輔佐劉備。就算我不懷疑你，可是別人都會說啊。」龐德聽了，脫下帽子叩頭，直到頭都叩破流血了。他對曹操說：「我自從投降大王後，一直感激於大王對我的厚恩，願肝腦塗地報答大王。為什麼大王要懷疑我呢？我以前在家時，和哥哥住在一起，我嫂子很不賢慧，我喝醉酒了就把她殺了。我哥哥恨我到骨髓，發誓再也不見我了，兄弟情義早就沒有了。我以前的主人馬超，有勇無謀，現在兵敗失去了領地，一個人去了蜀地。現在我和他各事其主，以前的恩義也早就斷絕了。我感激大王的知遇之恩，怎麼敢生出異心來呢？願大王明察。」

曹操把龐德扶起來，撫慰他說：「我知道你是忠義之人，前面的話是為了安別人的心，你可以努力去建功立業。你不負我，我也肯定不會負你的。」

龐德回家後，叫人造了一口棺材。第二天，龐德宴請親友，把棺材放在堂上。親友們見了，都問：「將軍現在要出去打仗了，為什麼要用這樣不吉祥的東西？」龐德對親友們說：「我受了魏王的厚恩，發誓要以死報之。這次我去樊城和關羽決戰，我若殺不死他，必定被他殺死。如果打不過他，就算他不殺我，我也應該自殺以謝魏王。所以先準備了這個棺木，表示我決不會就這樣回來。」

眾人都對龐德的言語表示歎息。龐德又叫妻子李氏和兒子龐會出來，對他妻子說：「我現在做先鋒，於情於義都應該效死疆場。如果我死了，你好好養大我們的孩子。我們的孩子天生異相，長大了肯定能為我報仇。」他的妻子和兒子哭著為龐德送行。

龐德在路上又對部下將士說：「我這次去和關羽決一死戰，如果被他殺了，你們就把我的屍體裝在這個棺材裡。如果我把他殺了，我也會把他的首級裝在這裡面，拿回來獻給魏王。」手下的部將齊聲說：「將軍這樣忠勇，我們一定全力相助將軍！」

曹操聽人報告了龐德的這些言行，說：「龐德這樣忠勇，我有什麼好擔心的呢！」龐德和關羽作戰時，用箭射傷了關羽，但是，關羽用水淹了于禁的軍隊，打敗了于禁。龐德和于禁也被關羽抓住，于禁一見關羽，就伏地求饒，要求投降。而龐德寧死不屈，最後被關羽所殺。

龐德跟隨曹操時間並不長，而且是從別處投降過來的，就因爲感激於曹操的厚恩而以死相報。由此可見，曹操深得人心，可以讓人這樣以死相報。

現代管理中，人才的流失是一個很重要的問題。一方面是一些公司大喊人才難找；另一方面當人才離開時，公司的主要管理者又不懂得該用什麼方式留住人才。

古語說：「士爲知己者死。」作爲人才，管理者對他們的信任和重用，會充分調動他們潛在的能力，自然而然地生出一種感激之心，從而去努力爲公司做事。

決定一個公司成功得失的最重要因素，就是公司管理者的用人之道，管理者用人是否得當，更大程度地體現在管理者用人的度量上。聰明的管理者，懂得用人唯才，不會爲了個人恩怨和一些小事來計較。曾經有一個公司老總這樣說：「把我的公司全部拿走，只要把我的人才留下，我還能重建一家公司；把我的公司留下，把我的人才弄走，我的這些資產終究也會失去。」

任用人才，就要發自內心地尊重人才，讓人才得以展其所長。

第九章

得天下後治天下：劉邦的團隊建設

馬上得天下者，不能馬上治天下。在戰爭時期，武將們的作用固然重要，但是，天下太平後，文官的才能更應該得到重視，劉邦封賞功臣所體現出的智慧，具有遠見卓識，值得後人借鑒。

1 制訂禮儀，用紀律約束團隊

劉邦出身門第不高，本來就不講究繁文縟節，加上追隨他的那些文臣武將大多數出身也不高，所以，平常彼此之間相處比較隨便，相互間的感情更重於禮節。

劉邦登基做了皇帝後，那些功臣武將還是和以前一樣，眼裡沒有什麼尊卑等級，在劉邦面前動作粗野，在爭功時，彼此鬧得臉紅耳赤，甚至在大殿上也是如此。尤其是那些心裡比較鬱悶的功臣，常常借酒澆愁，醉了便大聲吆喝，拔劍擊柱，弄得朝廷上下雞犬不寧。

這種不講究禮節的場面，使一向大而化之的劉邦也有些接受不了。但是，他又不好呵斥功臣，於是經常有意無意地逃避上朝，影響了朝廷事務的處理。

看到這樣的情形，丞相蕭何便推薦魯國儒生叔孫通前來制訂禮儀。不過，禮儀卻是劉邦最不喜歡的事。

叔孫通拜見劉邦後，向劉邦進言說：「儒生雖在進取方面的力量有所不足，不適合於亂世，卻頗有利於守成，擅長在和平時期凝聚各種力量為朝廷效力。如蒙皇上恩准，微臣將徵調魯國的儒生，配合微臣的弟子們，共同來擬定朝廷禮儀。」

劉邦說：「這樣做是不是太麻煩了？」

叔孫通說：「五帝和夏商周三王在禮樂儀式上，都有很大的不同，禮儀是因時世和人情的需要而制訂的，可繁可簡。微臣認為，可以採用較為簡單的古禮，拋棄秦朝那套繁文縟節。」

劉邦見叔孫通說得不是那麼麻煩，便對他說：「可以試試看，但要儘量簡單，要考慮我能夠做到！」

於是，叔孫通便徵調魯國的儒生三十餘人，配合數位有經驗的朝廷禮儀官員，再加上弟子數百人，西入關中，先在野外設營帳，專門研究和制訂朝廷的儀式。不久，一套完備的朝廷禮儀形成了。

兩個月後，新建的長樂宮落成，諸侯和群臣前往舉行朝賀儀式。

在朝賀儀式上，所有諸侯、大臣、將領都先在宮殿門外等候。由宮廷的侍從人員，依照事先安排好的位置，依次序引入宮殿門，並分東、西兩邊排列。侍衛的郎中和中郎執戟侍衛，分陣排列，林立於廷中。他們全副武裝，手持兵器，旗幟鮮明，由殿門到皇帝主殿間，共有數百人，氣氛嚴肅。

功臣、列侯、諸將軍、軍吏依次排於西方，面向東方。文官由丞相率領，依官職高低排列於東邊，面向西方。

緊接著，司儀官宣告皇帝輦車出房，諸侯王以下至六百石官吏，依次序逐一奉賀。

此時，每一個人都為禮儀之莊嚴而震驚不已。

朝禮畢，置酒宴，依禮節，不得飲至酒醉。諸侯百官坐殿上，先低頭敬禮，再仰頭行祝酒禮，以尊卑之秩序，一個接一個向皇帝敬酒。

每人飲九杯後，侍從官便宣佈罷酒。這時，御史舉法為評判，如有動作不合禮法者，便呵令其離去。君臣置酒終日，無人敢失禮喧嘩，與往常的酗酒滋事完全不同。

劉邦大為感動，當廷說：「我到今天才真正明白了身為皇帝的尊貴啊！」

於是，劉邦任命叔孫通為奉常，掌宗廟禮儀，並賜金（指銅）五百斤。此後，叔孫通又向劉邦建議說：「諸弟子跟隨我很久了，對禮儀頗為熟悉，這次的儀典也有不少是他們共同設計的，願陛下賜他們以官職。」

劉邦又將所有儒生都封為郎官，負責朝廷禮儀。

為了彰顯皇威，蕭何還奏請修建了長安城主殿——未央宮。未央宮在長安城西南隅，周邊長達二十八里，和東南的長樂宮並立。宮殿南向，但上書、奏事、謁見者均由北闕進入，而且公車、司馬等皇帝御用交通工具亦停留在北闕附近。這樣，北闕成為了正門。只有東闕，可聯繫丞相府。北闕名為玄武，東闕名為蒼龍，都極為壯觀華麗。前殿（皇帝辦公位置）、武庫（武器儲存室）、太倉（糧儲存室）均極為豪華。

劉邦看了，心裡頗不以為然，埋怨蕭何說：「連續數年的戰亂，影響生產，臣民均陷入痛苦的生活中。我雖努力經營，成敗猶未可知，為何要花費這麼多錢財，來蓋這麼豪華的宮殿呢？」

蕭何從容答道：「就是因為天下未定，皇權未穩，更需要以宮殿來象徵天子的威權！天子是以四海為家，統治權廣被天下，非如此壯麗無法代表其尊貴和力址！而且，開國皇帝的宮殿最好一次就把規模擬定，以免後代還要增建，對祖先有不敬的心態。」

劉邦聽了，也覺得有道理，才高高興興地接受了未央宮的規劃。

為了鞏固皇威，劉邦還尊父親太公為太上皇，通過尊重父親來教育大臣和百姓遵循禮法，尊重長輩，效忠君主。這樣，就能夠在人們心目中樹立忠孝觀念，以便從思想上鞏固皇權。

通過制定和實施一系列的措施，劉邦逐漸改變了以前大而化之的習慣，強化了皇權，樹立了皇威，那些和他一起出生入死的功臣宿將再也不敢像以前那樣隨便和放肆了，天下老百姓普遍都提倡忠孝觀念，漢王朝的統治漸趨於穩定。

在劉邦博弈天下的過程中，他與下屬之間的相處是比較隨便的，並不注重什麼禮節。

當然，這種大大咧咧的作風，在戰爭年代對於凝聚人心，爭取大家的好感是很有幫助的。但是，天下一統後，帝國上下必須要形成井然有序的秩序，君臣之間再這樣隨隨便便相處，肯定是不行的。

前面我們說過，領導者要做的主要就是管理好下屬，這就是所謂的「大智」。然後，當一個領導者能夠管好下屬之後，就需要更進一步地提升自己，開始要學會用制度來管理人。

用制度來管理，這是領導的最高層次。管理小公司靠的是人情，而管理大公司，則一定要靠制度。

領導者身處高位之後，身邊的人也總認爲自己也應該跟著沾點光。於是各色人都打著領導者的名字和招牌，做一些有利於自己的事，最終的結果是以損害領導者的個人形象，甚至是前途來作爲代價的。

要想正確處理好這些事，最好的辦法是奉行「君子之交淡如水」的原則。「淡如水」的意思不是要疏遠所有的人，而是說在很多事情上要把握好尺度。一些領導者爲了讓下屬更好管理，會採用一些和下屬表示親近的手段。殊不知這樣做有一個害處，很多下屬往往會因爲領導的這種表示，而自以爲和領導關係非同一般，可以在集體中佔有優勢地位，於是就借著領導的名義爲自己謀些好處。另外一個就是，關係太親近了，也會給實際的管理帶來很多麻煩。張三犯了錯，只是因爲他和自己關係比較親近，礙於面子不好處理。結果眾人的眼睛都看著，今天你不處理張三，明天就會有更多的人犯錯，如果你想要處理別人，馬上就有人舉出前面的例子來。

所以，不用刻意和下屬拉攏關係，作爲管理者，最好使用的工具應該是制度。在公司制度中，有著具體的獎懲升遷等管理辦法。你可以明確地對下屬表示，你做人做事不會憑個人的喜好，一切都會按照制度來辦。

2 協調好公司內部的利益關係

在一個企業裡，每一個人的貢獻是不一樣的。不一樣的貢獻拿不一樣的薪水，這才符合公平原則。違背了這一原則，必然會導致員工心理的不平衡，尤其是那些能力突出的人將「咸不安其位」，紛紛跳槽。一個企業要是留不住人才，還談什麼發展呢？

分封功臣是件龐大又複雜的工作，地位及封賞必須和功勞相匹配，每個人都認為自己的功勞較大而爭執不下時，分封的工作就會遲緩而無效率。除了具體功勞較為明顯的人外，其餘的功臣日夜爭功不絕，封賞工作遲遲不能結束。

張良勸劉邦說：「陛下出身布衣，就是靠著這些部屬才奪得天下的啊！如今陛下貴為天子，而到目前為止，所有得到封賞的都是親密部屬和陛下所喜愛的人，平生有仇怨的也都遭到誅殺。若真的依照這幾年軍史上的記功簿，天下的土地和財物是無法平分封賞給有功部屬的，這些將領一方面害怕陛下無法全部給予封賞，更擔心平日的過失可能成為被誅殺的藉口。」

劉邦覺得張良的話有道理，封賞之事若不儘快解決，遲早會出事的。於是立刻舉辦酒宴，晉封自己最討厭的人——雍齒為什方侯，並當場囑咐宰相、御史等，儘快評審每個人的功勞，以為哲封的依據。

酒宴結束後，群臣皆高興地說：「連雍齒都封為侯了，我等還會有什麼問題呢？」

就這樣，功臣間彼此爭功的情緒很快平息下來。不久，這些功臣也各自得到了應得的封賞。

分封總算完成了，劉邦鬆了一口氣。但是，接者又要評定「元功」，即功勞簿的排行榜。「元功」主要體現為榮譽上的褒獎，相當於後世的最高軍銜（比如十大元帥、十大將軍等）。

有資格參與「元功」評選的有十八人，即蕭何、曹參、張敖（張耳子，繼承其父之功勞）、周勃、樊噲、酈商、奚涓、夏侯嬰，灌嬰、傅寬、靳歙、王陵、陳武、王吸、薛歐、周昌、丁復、蟲達。

大部分將領認為晉封時曹參食邑最多，理應獲得排行第一，因而均表示：「平陽侯曹參，身受七十餘傷，攻城掠地，記功簿上功勞最多，理應排行第一。」

關內侯鄂千秋獨排眾議，主張蕭何排行第一。鄂千秋說：「曹參雖有野戰攻城掠地的功勞，但這一切只能算一時的功勞。蕭何的功勞，卻是長期的，其影響力遠遠要大於曹參。想想看，陛下和楚軍相持五年之久，損傷無數軍隊，隻身逃亡的情形都有好幾次。然而，蕭何卻源源不斷地從關中為陛下補充軍力，常達數萬之眾，陛下因而能重振軍威，屢敗屢戰，這並非陛下詔令他這麼做的，他卻多次在陛下困乏絕望之時把幾萬士卒派到了前線。漢、楚在滎陽對峙了好幾年，軍中沒有現成的糧食，蕭何從關中漕運糧食，供應軍隊食用，從來不曾缺乏過。陛下雖然數次敗亡於山東（指中原）地區，蕭何卻始終保全著關中以等待陛下，這是千秋萬世的功勞呀！如今，即使缺少了上百個像曹參這樣的人，對漢朝又有什麼缺損呢？而要是沒有蕭何，情況很有可能就完全不一樣了。怎麼可以拿曹參的一時之功，和蕭何的萬世之功相比呢？所以，依愚臣愚見，蕭何應排第一，曹參排第二。」

劉邦非常贊同鄂千秋的看法。於是，列蕭何為「元功」排行榜第一名，特許他可以帶劍上殿、入朝不必跪拜的特殊尊榮。為了褒獎蕭何的偉大功勞，劉邦在當天還對蕭何父子兄弟十餘人進行了封賞，皆有食邑，並加封蕭何食邑二千戶，和曹參、張良並列為萬戶侯。

劉邦封賞功臣的做法，值得現代企業的經營管理者借鑒和學習。在現代企業中，經營管理者一定要注意協調好公司內部人員之間的利益關係。只有有效地協調好公司上下的利益關係，才能夠最大限度地發揮公司效能，否則，公司將矛盾重重，導致企業競爭力下降。

在給諸將評功時，劉邦的心裡是最有數的。在諸多功臣中，蕭何雖然一直未參與前線戰事，但是他對戰局的影響力是通過劉邦發揮出來的，前線將士很難感覺到他的重要性，只有劉邦和主要幕僚清楚他的功勞。但是，要讓這些浴血奮戰的功臣宿將心服口服，並不是一件容易的事情。

於是，劉邦採取了逐步讓人接受的方法。他先是以獵人和獵狗做比喻，突出蕭何的重要性，設定蕭何在功勞簿上的位置；然後，將蕭何和武將中的魁首曹參進行對比，並通過鄂千秋的說明，彰顯蕭何的功勞。並由此得出結論，諸將所立之功，不過是一時之功，而蕭何所立之功是萬世之功，所以，蕭何應功居第一。

馬上得天下者，不能馬上治天下。在戰爭時期，武將們的作用固然重要，但是，天下太平後，文官的才能更應該得到重視，也只有文官的作用得到了充分肯定，一系列的制度才能發揮其應有的效能。劉邦封賞功臣所體現出的博弈智慧，是具有遠見卓識的，值得後人玩味和借鑒。

3 狠抓管理層建設

對於漢王朝來說，關中地區是全國的中樞所在，只有治理好了關中，增強了關中地區的實力，漢王朝才有足夠的底氣對天下郡國發號施令，郡國才不至於蠢蠢欲動。

劉邦安排劉敬負責處理匈奴的事情，但劉敬最關心的不是與匈奴的和談問題，而是關中防守能力不足的問題。

當年，劉敬勸劉邦定都關中的長安，由於其他將領紛紛表示反對，這個建議差點「胎死腹中」，幸虧有張良的全力支持，才僥倖獲得通過。從這件事後，劉敬得了劉邦長期的重用。

劉敬非常希望關中能夠像當年的秦國一樣，擁有統治天下的實力。由於劉敬巧妙地騙過了冒頓，完成了一次重要的外交談判，暫時化解了匈奴對漢朝的威脅，因此劉邦對他信任有加，比較樂意接受他的意見。於是，劉敬決心勸告劉邦全力強化關中地區的力量。

從匈奴回國後，劉敬立刻去見劉邦，對他說：「匈奴所轄的河南白羊和樓煩等邊疆國家離京城長安不到七百里，如果匈奴騎兵輕裝奇襲，大約一天一夜就可以到達長安。關中自秦朝滅亡以來，居民減少了很多，但是這裡土地肥沃，生產潛力大，擁有養活大量人口的自然條件。任何一個國家要想強大興旺起來，人的因素是主要的，也就是說要有足夠的人力。齊國當年的富強，全靠諸田氏的支持；楚國當年的強大，則是靠昭氏、屈氏、景氏三大人口旺族的支撐。如今，陛下雖然雄踞關中，建立了政治中心，但關中的人口因為戰亂等原因大量減少，遠不如當年秦國時期，現在東方又有六國的旺族，萬一有什麼風吹草動，陛下如何去應付這些變局呢？那時，陛下又如何能高枕無憂呢？因此，微臣斗膽建議，陛下應該先將六國王室後代及其豪族、名家遷徙到關中來。國內無事時，可以利用他們的人力物力抵禦匈奴等外族的入侵；一旦國內有變，又可以率領他們出關討伐心懷不軌的諸侯。這才是強本弱末的最佳策略啊！」

劉邦聽了以後，覺得很有道理，認為把六國王室後代及其豪族、名家遷徙到關中來，一方面可以有效地監督他們的行為，使他們無法做大，並逐漸同化他們；另一方面也可以充實關中地區的人口，發展關中地區的經濟。於是，劉邦重賞了劉敬，即刻著手規劃充實關中人口的計畫。

當年十二月，劉邦遷徙齊國及楚國的大族——昭氏、屈氏、景氏、懷氏、田氏五大族和六國豪傑名家到關中，並大興農田水利、住宅，總共增添了十餘萬人口。

同樣的道理，在現代社會裡，經營管理者要想辦好自己的企業，首先必須要搞好自己的中樞建設，即管理層建設。如果管理層都缺乏身先士卒、開拓進取的魄力，那麼，要想基層員工爲了企業的發展而拚死拚活，幾乎是不可能的。

許多民營企業創業之初之所以能夠迅速發展，一個重要的原因就是老闆能夠身先士卒，忘我工作，給員工們樹立了很好的榜樣，使得整個團體富有朝氣。但是，有些企業發展到一定規模後，老闆逐漸失去了身先士卒的作風，追求起享受來，管理層也紛紛效仿，失去了當初的銳氣，而基層員工對此也看在眼裡，記在心裡，並上行下效，將這種不思進取的作風落實到行動上，結果企業再也看不到一絲積極進取的跡象了，等待他們的就是被市場無情淘汰的命運。

事實上，世界上那些著名的大公司之所以能夠在競爭中笑傲群雄，一個重要的原因在於他們非常重視管理層建設，非常重視發揮管理層的模範作用。日本的松下公司就是如此。

松下幸之助是日本著名的企業家。他不僅要求管理層要成為基層員工的表率，而且親自做員工行為的表率：每天總是第一個到辦公室，在門口向上班的員工問早安，總是最後一個離開。員工們看到老闆如此努力工作，也就很自覺地努力了。

通用電氣前CEO傑克．韋爾奇被譽為「世界經理人的經理人」，但多數人對他的瞭解和尊重，並非是因為他在管理學基礎理論上做出了多麼大的貢獻，而是作為通用電氣總裁的他非常重視與下屬進行有效的溝通。傑克．韋爾奇經常手寫一些「便條」，並親自封好後給基層管理者甚至普通員工，他能叫出一千多位通用電氣管理人員的名字，並親自接見了所有申請擔任通用電氣五百個高級職位的人。他的這種敬業精神感染了通用電氣公司的所有員工，使這些員工自覺不自覺地以他為榜樣，像他一樣努力工作。

對於一個企業來說，管理層決定著本企業的工作作風。他們的言語、行為是影響執行力的重要因素。對於企業的最高決策人來說，要想使企業持續發展壯大，必須加強管理層建設，尤其是管理層的工作作風建設。只有管理層這一中樞部位具有了活力，才能激發出廣大基層員工的活力。

劉邦是通過與眾多諸侯博弈，才登上皇帝寶座的。他深知，諸侯是天下動亂的根源，如果不加強對諸侯的管理，增強中央的實力，那麼就很容易引發天下大亂。於是，劉邦便對天下諸侯採取了釜底抽薪的辦法，把一些有號召力的地方大族遷徙到長安，一方面可以充實關中地區的人口，另一方面可以對他們實施有效的監督和管理。只要管好了這一幫人，就等於控制了天下動亂的源頭。因此，從某種意義上說，劉邦加強對諸侯的監管措施，也是在抓「管理層」建設。事實證明，這一招是很管用的。

4 尊重所有人，不可輕慢任何人

研究表明，當員工在與上司關係不好時，心理上會處於一種衝突狀態，精神也會跟著受到影響而變得緊張。很難相信，一個精神處於緊張狀態的員工能夠完全漂亮地做好工作。所以，作爲領導，處理好與屬下的關係是讓屬下的精神處於積極狀態的方式之一。

曾經有人批評劉邦身爲帝王，卻不知道尊重臣下。

有一次，一個大臣去見劉邦，結果劉邦正抱著一個女子在那裡說笑，看著大臣進來也不理。於是這個大臣氣得回頭就走。劉邦放下懷裡的女子去追那個大臣，追上後就把這個大臣按在地上。然後，騎在這個大臣的脖子上問：「你為什麼一看到我就跑？」這個大臣說：「因為你不懂得尊重人，是個桀紂一樣的昏君。」

這件事雖然反映出劉邦不尊重大臣，但是我們反過來想想：大臣沒有通報就自己進去了，並且看到劉邦在和女人親熱。如果是落在別的帝王手裡，這可是犯了大忌，是死罪。而劉邦非但沒有生氣，還開玩笑般地跑過去把他按在地上。後來，這個大臣罵他是桀紂一樣的昏君，他也沒有生氣，而是哈哈一笑了之。如此胸襟、如此大度，自古以來，有幾個君王能夠做到？

作爲國家的最高管理者，劉邦是非常注重處理和下屬的關係的。除了在重大事情上他不會手軟外，他對屬下一貫是很寬容的。當然，在人際關係處理中，劉邦有一點做得絲毫也不馬虎，那就是不管是誰，不管關係怎樣好，當他威脅到劉氏家族的統治時，一定不會手軟。比如劉邦在他晚年殺了很多功臣，雖然中間有一些是冤枉的，但是，更多的是真正會危害到劉氏集團的實際利益者。

當然，世上的事有利，也有弊。由於劉邦的平民出身，加之曾經屬於「地痞」之流，養成了對人傲慢少禮的惡習。對於一般人來說，傲慢少禮也就罷了，至多是群眾關係搞不好。但是如果一個領導對於別人傲慢少禮，有時候就免不了要出現一些大問題了。有人就因爲劉邦的傲慢造反了！

魏豹是原來魏國王室的後裔，曾經跟隨項羽入關，後來被項羽封為西魏王。劉邦從漢中進入關中後，向關外發展勢力。在劉邦的大兵打到魏豹的地盤時，魏豹被迫追隨了劉邦，跟著劉邦參加了討伐項羽的彭城之戰，戰敗後隨劉邦退至滎陽。

後來由於魏豹在睢水打了敗仗，被劉邦狠狠罵了一頓。倘若一般人也就罷了，但這個魏豹怎麼說也是一個王室之後，自然有點自尊，被劉邦一頓劈頭蓋臉地臭罵，心中十分不滿，自然就有了想法：我堂堂的王室之後，怎麼就讓這一個小流氓隨便責罵呢？魏豹大概是實在咽不下這口氣，心裡就產生了背叛劉邦的念頭。於是他就以母親生病為藉口，要求回封地探視，得到劉邦同意後，他返回封地，立即封鎖了黃河渡口，宣佈脫離漢劉邦，倒戈投向了楚霸王項羽的懷抱。

魏豹這一倒戈，可不得了了。為什麼呢？劉邦所據守的滎陽城以及他的大後方關中，和魏豹的封地僅僅相隔一條黃河。魏豹的背叛，不僅直接威脅到劉邦前線的防禦，也直接威脅到關中地區的安全，這可是劉邦的大後方呀。如果魏豹和項羽採取聯合軍事行動——項羽從正面攻擊劉邦，魏豹從背後渡過黃河，就可攻擊劉邦的後翼和側翼，劉邦的老巢都有可能被人包了餃子，一鍋端了！退一步說，魏豹至少可以隨時出兵，切斷關中對滎陽前線的補給，這樣，劉邦將會處於腹背受敵的危險之中。所以說，魏豹的倒戈，對於劉邦的威脅實在不可估量。

後方不穩，前方還怎麼打仗呢？劉邦對這種形勢倒是看得十分清楚，因此，十分重視魏豹的反叛，希望趕快解決魏豹的反叛問題。但是這時劉邦必須全力應付項羽的進攻，難以再派軍隊去武力解決魏豹的反叛。武的不行，只好來文的，劉邦就派酈食其去說服魏豹，讓魏豹改變立場，再回到自己的陣營中來。劉邦臨行前對酈食其許諾說：「你慢慢說服魏豹吧，如能成功，我給你一萬戶做封邑。」許下如此重獎，由此可見魏豹反叛對於劉邦的影響了。

誰知，這回魏豹確實鐵了心要反對劉邦，大概劉邦的責罵太過於讓人難以接受了，魏豹說什麼也不願意改變自己的立場。他對酈食其說：「人生苦短，如同陽光掠過牆壁的縫隙一樣，很快就過去了。劉邦這小子對人傲慢無禮，就會罵人，今天罵，明天罵，我可受不了，請先生別再費心了。」

魏豹這種態度倒也是可以理解的。貴族出身的魏豹，是有身分、有地位、有教養的，當然受不了劉邦的無禮辱罵。儘管這可能是魏豹背叛劉邦的藉口，但魏豹所說的確是事實。

人都有自尊，都希望得到別人的重視和尊重，這是一個人的最起碼的需求：人的自尊心受到的傷害一旦到了自己難以忍讓的極限，就會做出有悖常理的事來。「士可殺而不可辱。」劉邦這次的確是傷到了魏豹的心了。

劉邦為自己的無禮行為付出了代價。由於魏豹的存在對劉邦的威脅實在太大，所以他最後不得不派出大將韓信，在和項羽對抗最緊要的關頭，分出兵力來解決魏豹的反叛。

一個小小的魏豹豈是韓信的對手？魏豹自作聰明地以為漢軍必定會從臨津渡河，於是魏軍主力扼守蒲阪，準備在此堵截。韓信是個什麼樣的人呀？這些小伎倆豈能夠瞞得過他。結果魏豹被韓信將計就計，明裡在渡口調集船隻，吸引住對方的注意力，暗地裡卻用木料等紮成一種簡易的渡河器材，在上游百餘里的地方偷渡成功，直搗魏豹的後方重鎮。這又是一個「明修棧道，暗度陳倉」的翻版。

中了韓信聲東擊西之計的魏豹倉促應戰，又被正面的漢軍乘機渡河，兩下夾擊，魏豹大敗，被韓信活捉，送到了滎陽劉邦的帳前。

雖然最終消滅了魏豹，但魏豹的反叛對於劉邦還是造成了不小的影響。

無論是領導還是下級，都希望得到別人的尊重，而尊重是有前提的，這個前提其實很簡單，那就是：你首先必須先尊重他人，當你給別人傳遞了一個尊重的信號以後，你會在不久以後得到別人對你尊重的回饋，道理很簡單，但做起來很難，說難其實也不難，關鍵在於你願不願意放下架子和別人平等地交流和對視，如果做到了，尊重也就不難了，要真正做到互相尊重，領導放下架子是很重要的。一個聰明的領導，肯定是把下屬放在較高位置的，絕對不會對下屬不信任，也絕對不會把所有的責任推給下屬，領導身上一個必須具備的職責：就是勇於承擔。

做一個領導別人的人，首先要做一個被別人尊重、欣賞、喜愛的人。這樣的人是有共同點的，他能夠讓別人快樂，能夠調動別人的熱情。他有自己的專業領域，能踏實做事，讓人心生佩服。如果你想成功得快一些，想得到別人的幫助，那就努力向這種人靠攏吧！

5—管理到位，避免內訌—

任何一個組織都不可能完全避免小團體的存在，但是只要管理到位，任何一個企業都能夠避免內訌。

劉邦病重時，呂后獨攬大權，並阻止任何大臣與劉邦見面。劉邦死後，呂后不敢發喪，直接與審食其商量：「諸將和皇上原都是同事，如今北面稱臣，心裡常有不平。而太子繼位後，年紀又太輕，支持度一定不高，可能會造成天下不安啊！」

審食其不知如何是好，只好召集親呂后派的大臣們前來商議。

酈商得知劉邦去世以及呂后有意整肅諸將的消息後，立刻去勸審食其說：「我知道皇上已經去世，如今秘不發喪，是呂后有意誅殺不夠忠誠的將領。如此，天下必亂矣！目前，陳平和灌嬰率有十萬守軍在滎陽，樊噲和周勃率二十萬在北方燕、代。他們得知皇上去世、呂后欲誅殺諸將，必將率軍攻打關中。諸大臣再從內部回應，諸侯們各擁地造反，這樣一來，漢王朝立刻就會分崩離析。」

審食其立即將酈商的看法轉告了呂后，呂后認為酈商的話有道理，於是正式宣佈劉邦的死訊，並大赦天下，令眾將領及諸侯們放心，但是，危機卻並未就此消除。呂后把劉邦寵愛的戚夫人和趙王劉如意當成了自己的死敵，必除之而後快；劉氏諸侯王也是潛在的敵人；擁有軍權和享有崇高地位的元老重臣也與呂后的關係變得尷尬而緊張。在此種情況下，呂后更加相信呂氏兄弟子侄和親近自己的大臣。

劉邦在世時，呂后對異姓諸侯王非常不安。因此，在幫助劉邦除掉異姓諸侯王時，她比誰都積極、狠毒。像韓信、彭越、英布和盧綰事件的發生都與呂后有著直接的關係。

在劉邦逐漸翦滅異姓諸侯王後，呂后對劉姓諸侯王也漸感不安起來。為了平抑這些力量，在劉邦生前，呂后便刻意提拔其兄呂澤為周呂侯。呂澤去世後，他的兩個兒子——呂台被封為酈侯，呂產被封為交侯。呂后的次兄呂釋之則被封為建成侯。

劉邦死後，呂后很快就毒殺了趙王劉如意，封劉友為趙王。同時，令人將戚夫人的手足砍斷，挖掉兩眼，並用藥物將耳弄聾，強飲啞藥，讓她不能說話，再置之於廁所中，稱作「人彘」。

此舉嚇壞了惠帝劉盈，放聲大哭。他承受不了這樣的精神刺激，竟臥病不起，長達一年多的時間。他派人對呂后說：「此非人所為，臣為太后子，終不能治天下。」從此，他縱酒淫樂，麻痺自己，不再上朝，以報復呂后的狠心。於是，朝中一切大權，盡由呂后獨攬。

隨後幾年，對呂后有制約權的元老功臣，例如曹參、張良、樊噲等一一去世，穩定的制度開始有所鬆動，呂氏集團開始蠢蠢欲動了。

不幾年，惠帝劉盈因健康狀況急速惡化，剛二十一歲便英年早逝。丞相王陵怕呂氏一黨趁機奪權，便主動討好呂后，請拜封呂台、呂產、呂祿等為將，負責禁衛軍團的南北兩軍，讓呂氏一黨能入宮用事。

這樣，呂后才稍微心安，並立太子即皇位，是為少帝。由於少帝年紀尚小，由呂太后臨朝稱制。

少帝逐漸年長，有熟知內情的宦者密告之，他並非惠帝劉盈之子，而且生母已為呂太后所殺。

在有心者的慫恿下，這位不懂事的少帝公然說：「太后殺了我的母親，長大後我將會報復的。」

呂后一聽，盛怒之下，將他暗中殺了。隨後，呂后立恒山王劉山為皇帝，改名劉弘。

呂后有意培養呂氏，選擇了形象較好的呂產作為呂氏黨的領導人物，並封呂產為呂王。

趙王劉友因對呂后不滿，被呂后關起來活活地餓死，呂后便遷徙梁王劉恢為趙王，再將呂產調為梁王，這樣一來，呂氏集團完全控制了關中和中原地區。但是，呂產卻不必到梁國就任，在長安擔任了太傅。

趙王劉恢由梁王遷徙為趙王後，心中非常不高興，深感悲哀，自殺了。連續三任趙王都不得「好死」，呂氏集團如此囂張，這讓劉氏諸侯及功臣派非常寒心，但由於禁衛軍完全掌握在呂氏手中，所以他們也不敢造次，只得隱忍苟存。

右丞相陳平對呂氏力量的膨脹頗為疑慮，害怕在自己的任期內發生劇變，於是開始考慮如何避免事情發生。陸賈以探病為由，前往丞相府，和陳平商議，提出了聯合周勃共商壓制呂氏一黨過度擅權的謀略。

與此同時，呂氏黨也加快了奪權的步伐。

呂太后派人與代王劉恒商議，想調他出任趙王。劉恒認為，趙國離長安太近，容易捲入政爭糾紛，危及自身安全，便以願意為朝廷戍守邊疆為藉口，婉拒出任趙王。呂后趁機封呂祿為趙王，晉封呂通為燕王。

這樣，親太后派的呂氏諸王已凌駕於劉氏諸王之上。呂氏一黨成為了漢王朝的主流派。

但在此時，呂后的健康狀況也急速惡化，一病不起。她自知不久於人世，便下令由趙王呂祿統領禁衛軍的北軍，梁王呂產統管南軍，企圖以軍權確保呂氏政權。

臨死前，呂后對呂產和呂祿說：「我晉封呂氏諸侯為王，大臣們內心不服，我死之後，皇帝年少，大臣恐有變，你們兩個記住一定要掌握兵權，必要時都不要參加葬禮，直到情勢穩定為止，切勿因為忙碌而為他人所乘。如果兵權握在他人手中，呂氏一族將面臨災難。」

臨死前，呂后又任命呂產為相國，位置在左、右丞相之上，並以呂祿之女為皇后，親呂氏黨的左丞相審食其出任太傅。

呂后一死，劉氏黨、功臣黨、呂氏黨間立刻展開了激烈的鬥爭。

雖然呂產和呂祿掌握著禁衛軍團，但關中地區或周圍駐守軍隊的將領，大多仍聽從周勃和灌嬰的指揮，這使呂氏黨在太后死後，更不敢公然為亂。

朱虛侯劉章得知太后遺囑的內容後，便急速派人通知其兄齊王劉襄（劉肥長子），發兵西征勤王。朱虛侯和東牟侯積極聯繫各大臣、將領，準備做齊王的內應，並相約事成之後，擁立齊王為皇帝。

齊王出兵西征後，派人先行進入關中，並立即出兵攻打呂產的封國濟南，分發檄文給其他劉氏諸侯，指陳諸呂的罪行，邀請各諸侯國舉兵勤王，共襄盛舉。

呂產得知齊王出兵的消息後，迅速派灌嬰發兵和齊軍對抗。灌嬰和諸將領商議後，決定在滎陽按兵不動，並暗中派人告訴齊王和各地諸侯，不要自相殘殺，靜待呂氏黨有何行動，再作應變。齊王接到灌嬰通知，也停軍駐營在齊國西界，靜觀其變。

呂氏黨最重要的軍事元老將領是酈商，他的兒子酈寄和呂祿交情頗好。周勃和陳平便共同策劃，劫持酈商，威脅酈寄前往遊說呂祿交出禁軍的指揮權。

酈寄勸說呂祿放棄禁軍指揮權，回到封地當諸侯王，避免天下戰亂。呂祿一向缺乏膽識，現在外有齊軍威脅，內部的灌嬰、周勃態度又不明朗，朱虛侯已成為倒呂的劉氏黨領袖，真所謂內憂外患。呂祿認為，自己沒有能力應付這種局面，便有心將兵權交還給太尉周勃。於是，呂祿、呂產便放鬆了對禁衛軍的控制。

九月，灌嬰聯合齊、楚之大軍將反攻長安，消息傳到了呂產那裡，呂產大驚，立刻趕赴皇宮召見呂氏長老，以求解決的方法。

周勃認為時機到了，立刻率領侍衛，強行進入了禁衛軍的北軍大營，同時下令酈寄去遊說呂祿交出印信（掌握兵權的憑證）。呂祿認為酈寄不會出賣自己，便將印信交了出來，讓出兵權，交付周勃指揮。結果，全軍將士都表示效忠劉氏政權。

周勃令劉章監守軍門，並遣御史大夫曹窋火速通知宮殿宿衛將士，不要讓呂產進入宮中。此時，呂產並不知呂祿已經棄軍離去。他還想進入未央宮，挾持皇帝發出命令，讓南北禁衛軍發動政變，殺掉劉氏黨。

呂產進不去，就在宮殿門口等待時機。雙方在宮殿門口對峙。周勃就命令朱虛侯劉章率隊入宮，以保護皇帝。

朱虛侯於是率十餘騎兵奔向皇宮，進入未央宮前碰到了呂產的人馬，當時已經是黃昏，朱虛侯下令攻擊呂產。呂產在前後夾擊下，不敢退走。呂氏人馬混亂成一團，朱虛侯乘機追殺，呂產被殺身亡。接著劉章進入長樂宮，殺死長樂衛尉呂更始，宮中的呂氏勢力被徹底消滅。

於是，周勃下令收回南軍指揮權，並分遣軍隊追捕呂氏黨人，無論男女老少一律處斬。

以陳平、周勃為主的功臣黨控制住關中的情勢後，召開會議，討論如何重建劉氏政權。為了防止呂氏亂政的事情再次發生，他們決定擁立劉邦直系血親中、輩分最高、年紀最長、素有仁孝寬厚聲名、外戚勢力最差的代王劉恒為皇帝。劉恒就是後來歷史上所說的漢文帝，他的繼任開創了中國封建王朝的第一個盛世局面。

經營管理者要弄清楚公司小團體文化形成的原因，弄清小團體彼此之間的態勢，進而去影響和駕馭這些小團體，將這些小團體擰成一股繩，將其轉化成一股正面的力量，讓他們在實現企業目標的過程中互相競爭，比個高下，而不是彼此內耗，影響企業的合力。

劉邦尚在人世時，不僅默許呂后干預朝廷政事，而且允許呂后接見大臣，這就為形成「呂氏黨」提供了便利；而劉邦大封劉姓諸侯王，又樹起了一個勢力強大的「劉氏黨」；此外，那些隨劉邦出生入死的功臣，在劉邦死後，為了確保自身的利益，也形成同盟，結成了「功臣黨」。這樣一來，在後劉邦時代，三大「黨派」的爭鬥就不可避免地發生了。

劉邦在臨死前深知呂后極有可能專政，可能要打擊劉氏諸侯，就指令了幾位重要的大臣把持朝廷軍政大權，企圖通過「功臣黨」來限制「呂氏黨」。雖然這種限制在一定程度上發生了作用，但是並不能從根本上解決內訌問題，並且使內訌的形勢越來越複雜化。

呂后死後，呂氏黨成為了眾矢之的，成為了「功臣黨」和「劉氏黨」的共同敵人，於是這兩派裡應外合，徹底清除了「呂氏黨」。爾後，「功臣黨」和「劉氏黨」

通過協商，共同擁立代王劉恒為皇帝，算是給後劉邦時代的內訌畫上了一個句號。

其實，一個組織出現了內訌，主要是由於管理者在制定和執行相關制度和措施時不到位引起的。事實上，只要企業的管理制度的制定和實行到了位，是能夠有效避免企業內訌的。

公司領導必須要確認一些部門經理人員是否有私心，是否能長期保留和發展具有潛力員工。這一點很重要，許多經理人的態度非常保守，對於有潛力、有才幹的員工不提拔，甚至壓制，最終造成接班人計畫失敗。所以人力資源部門的人員必須配合績效評估，或是在制訂接班人計畫時與經理人會談，盡可能地將優秀員工納入未來接班人的培訓、考核計畫之內。要找出在人力資源系統運作中影響接班人計畫的不利因素，並且努力消除這些不利因素。

因此，一個優秀的企業、一個負責任的企業領導，應該在人才引入後，扶上馬再送一程，避免「野馬脫韁」；同時，做好原有團隊的工作，讓他們能駕馭新團隊中的風險和挑戰。

第十章

後劉邦時代：選好接班人關係到企業的命運

對於每個即將退居幕後的領導者來說，接班人是他們最大的難題。俗話說：「蛇無頭不走，鳥無頭不飛。」如果選擇了錯誤的接班人，就像給企業套上了沉重的枷鎖，不但不會帶領企業向前發展，還會造成巨大的危險。

1 選擇接班人的決定性因素

帝王選擇接班人，是關係江山興亡的大事。管理者選擇接班人，也關係企業的命運。企業的興衰，固然與企業所奉行的企業文化和管理方式有關，但是，真正的決定性因素是其核心領導人。

領導者最重要的任務之一就是培養其他的領導者。

劉邦一介布衣，提三尺寶劍而取天下，開大漢四百年之基業。但是，在接班人的問題上卻讓他糾結犯難。按照慣例，劉邦的長子劉盈被立為太子。但是，太子性格太過軟弱，劉邦比誰都清楚。他思來想去就想廢掉劉盈的太子之位，立他喜歡的趙王劉如意為太子。

但是這件事做起來並不容易，畢竟手心手背都是肉，讓他一下子就廢掉劉盈的太子之位很難，得找理由。得天下稱帝時劉邦四十八歲，他想要換太子時已經到了人生的晚年。年紀大的人做事不像年輕人，而是變得喜歡瞻前顧後，劉邦難免會思考得久一些，如此一來二去，他的想法就讓呂后知道了。呂后著急了，太子劉盈是劉邦的大兒子，可是呂后親生的，呂后就想著怎樣讓劉邦改變主意。

正當呂后為這件事著急的時候，有人給呂后出主意說：「留侯張良最有謀略，皇上也很相信他，您可以請他幫忙想個辦法！」呂后找到張良。張良在劉邦封王時拒絕了劉邦對他的封賞，只要了留城一個小小的鎮作為自己的封地，在政治上他也宣佈隱退了。但是張良的謀略還在，他對劉邦也很瞭解，他也認為劉邦不該換掉太子。但是張良明白只憑口舌之詞是無法說服劉邦的，必須要讓劉邦看到人心所向，明白大家都擁戴劉盈才行。思考之後，張良就給呂后出了個主意。

這時天下已經平定，很多有才能的人都被劉邦起用，但有四個人因為覺得劉邦對人輕慢無禮，不肯在劉邦手下為官，就逃到商山隱居起來，發誓終身不做漢臣。這四個人就是東園公、甪里先生、綺里季和夏黃公四個人，合稱「商山四皓」。「皓」的意思是老頭，「商山四皓」就是「商山四老」的意思。張良就給呂后說了：「皇上最重視賢德有才的人，『商山四皓』的名氣很大，如果能請他們出山，表示對太子的支持。那麼，皇上肯定會取消另立太子的想法。」

呂后聽了張良的主意，讓人備了厚禮，態度恭敬地去請「商山四皓」。結果，真讓她給請回來了，「商山四皓」回來後，呂后讓他們輔佐太子。

這邊呂后請來了「商山四皓」，劉邦卻仍然在想要改立太子。當他打敗英布回京後，病情已經很嚴重了。但是，他仍然決定把太子換掉。一次宴會，太子劉盈也來參加，「商山四皓」也跟著來了。四個老頭，鬚髮皆白，表情嚴肅，衣服穿得整整齊齊，恭恭敬敬地跟著太子去赴宴。劉邦不認識這四個人，就問：「你們四個是什麼人？」「商山四皓」對劉邦報上了他們的名字。劉邦一聽，原來是大名鼎鼎的「商山四皓」啊！就問：「當初我請你們做官，你們不是跑了嗎，怎麼現在又回來了？」

「商山四皓」說：「陛下待人輕慢，隨隨便便就開口辱罵士子，我們是讀書人，不願意受這種污辱，所以要隱居。現在太子為人仁愛孝順，恭謹對人，所以我們就出來輔佐他。」

劉邦見連自己也請不來的「商山四皓」來輔佐太子了，知道劉盈羽翼已豐，長歎一聲，打消了換太子的念頭。

當今世界，全球化的競爭日趨激烈，企業對其各階層的人員需求不斷增加，尤其對專業人才的管理能力及人際關係能力越來越重視，許多企業強化了接班人制度。在二十世紀八〇年代之前，企業管理層比較穩定，如果總經理突然發生事故，即可由副總經理接任，但現今環境變遷快速，副總經理並非完全能勝任總經理的職務，再加上企業要面臨重組、簡化、並購、經理人離職或退休，甚至各種意外事件，公司更需要有適當的接班人來擔任特定職位。

所以，公司在規劃接班人計畫時，必須做好下面三件事：

・確定繼任者的領導風格，並且確認這種風格要符合公司企業文化

作爲公司的員工，只要跨入這個公司，就表明每個人都是符合公司組織文化的。對於公司而言，在培育或是找尋相關的接班人時，要多方面觀察或瞭解該候選人是不是符合企業的組織文化，常常有這樣的情況：一位在這個企業做得很好的領導人到了另一家企業就成績平平，甚至沒多久就離職了。這種情況絕大多數都是企業文化的差異所造成的。

所以，企業有必要通過觀察候選人平日的行爲及其工作成績，來瞭解候選人的行爲、態度、意願及動機、理念、價值觀，以便將來接任該職位時，能夠有一致性的認同。

・確認繼任者的知識、技術和能力是否夠資格

對於繼任者的選擇，除了由企業人力資源部門安排一整套合適的培訓考核之外，其所屬的主管也必須留意繼任者的知識、技術和能力是否與未來工作相適應，而且還要根據不同候選人的性格特點制訂行動方案，並且隨時檢查學習進度，詳細地討論計畫是否修改或是否需要相關資料及工具。

・儘量擴大人才資料庫

企業在選擇繼任者時，要盡可能擴大候選人的來源，若是組織內部缺乏相關人員或是數量不足，人力資源部門將要對外部實施招募遴選規劃與任用安排。當然，在人員的挑選上，不應局限於相同領域的人，也可以考慮不同領域的人員，另外輪調也是可行的方式之一。

2 「裙帶關係」的正確處理

中國是一個講究人情關係的國度。許多創業者往往喜歡把自己的配偶、親友安排在企業的重要位置，或者默許配偶干涉自己的事業。這種做法往往容易在企業內部形成一個小圈子，由於這個小圈子擁有太多的特權，在很大程度上破壞了企業員工的公平發展機會，所以，必然會影響其他員工的積極性，導致他們與企業離心離德，甚至集體跳槽，這樣的教訓在中國數不勝數。

劉邦的原配夫人呂雉，早年隨劉邦歷盡艱辛，對劉邦極盡體貼、支持、理解之能事，對此，劉邦非常感動，所以對呂雉的一些干政行為，劉邦並不介意，甚至縱容。比如殺韓信、誅彭越。殊不知，呂雉也經歷了那麼多的大風大浪，少女時代和結婚之初那位端莊嫻淑、心地善良的呂雉早已不存在了，在政治鬥爭的磨煉中，她已變得極度貪婪、妒忌、殘忍，不惜一切手段。這樣的人一旦染指了權力，其後果是不堪設想的。

因此，當劉邦死後，兒子劉盈繼位，她更是直接干預朝政，扶植呂氏的勢力，差點讓劉姓天下變成了呂姓天下，最後導致了呂氏黨和劉氏黨的血腥內訌，這是劉邦的悲劇，也是呂后的悲劇。

什麼叫裙帶關係？裙帶關係即貫穿於人與人之間的人情，就是人所進行的社會活動中，和他人之間所建立的一種關係。有一種說法，裙帶關係存在於我們社會的方方面面。這種關係爲一些個人行爲提供了方便。但在管理上，裙帶關係嚴重地影響了管理制度的建設和實施。很多管理者因爲礙於面子問題，不好放開手腳對裙帶關係實施嚴厲「打擊」，這也是造成裙帶關係壞大事的主要原因。

有人說裙帶關係是自私的產物，是爲了少數人利益服務的，這其中有其哲學辯證道理。比如呂后之於劉邦，一直是不離不棄的。但當劉邦死後，面對呂氏和劉氏兩股勢力時，呂后採取的就是扶持呂氏打壓劉氏的政策。

裙帶關係在一個集團的發展初期，經常是一種可以借助的有效力量。

就如劉邦稱帝後，樊噲被封為舞陽侯，平定諸王的戰爭很多都是樊噲帶兵指揮。劉邦病重時燕王盧綰叛變，就派樊噲以相國身分去率軍征討。樊噲出征後，有人對劉邦說：「樊噲和呂后是一夥的，等皇上百年後，如果他們兩人串通起來圖謀不軌就很麻煩了。皇上應該早作提防。」

劉邦本來對呂后處理朝中一些事情就有所顧忌，聽人這樣一說，覺得事情嚴重了。於是，劉邦馬上派陳平暗暗帶上大將周勃去樊噲軍中，讓他們到了那裡立斬樊噲，然後讓周勃代替。結果陳平和周勃兩人在路上商量，想到樊噲身分特殊，不能就這樣殺了。於是他們把樊噲抓了起來，沒殺，結果等回到長安時，劉邦已經死了。陳平沒殺樊噲，呂后姐妹也就鬆了口氣，於是放了樊噲，還恢復了他的爵位和封邑。

雖然呂雉在劉邦事業中起了很大的作用。但是，同時也是這個呂雉，在劉邦死後，讓大漢朝經歷了一次危機。

劉邦去世，呂后獨掌朝廷大權。對於原劉邦所寵幸之妃嬪，多隻進行常規處理，如有子者，與其子就國為諸侯王太后。獨有戚夫人，因其曾幾欲奪孝惠帝劉盈太子之位，呂后堅決不放過。一開始先罰戚夫人做苦工，戚夫人私下唱歌歎息：「兒子為王，母親為奴僕，終日舂米到薄暮，常常與死亡為伍！母子相離三千里，要找誰來告訴你？」呂后因而大怒，將她斬去手腳，熏聾雙耳，挖掉雙目，又用啞藥將她毒啞，這才拋入茅廁之中，稱為人彘，意為人中之豬。又叫惠帝來看，惠帝向呂后說：「這種事不是人做得出來的。兒臣是太后的兒子，終究沒有辦法治理天下。」惠帝認為母親如此慘無人道，已經違背常理，驚駭非常，而不願處理政事。

於是呂后如願以償地獨攬大權，積極扶植呂氏一族，封諸呂為王，打擊劉姓皇族及勢力。直到太后過世後，周勃、陳平、劉章等人以計謀騙來兵權，才消滅了諸呂。呂氏外戚專權，給西漢乃至整個中國歷史留下了深刻教訓。

裙帶關係雖然帶來很多麻煩，但是如果當事者能夠遵守行爲準則和社會道德，對事不對人，處理好裙帶關係就是一件容易的事情了。領導者用人，如果可以做到內不避親，外不避仇，任人唯賢，這樣自然就可以減少裙帶關係的不利影響。

因此，把握好各種關係間的親疏程度，裙帶關係也可以成爲一種凝聚團體的紐帶。很多領導者在用人時喜歡用自己熟悉的人，這裡面，一半是因爲關係比較好，另一半是因爲對熟悉的人知根知底，使用起來比較放心。

善用裙帶關係，讓它成爲我們工作中的動力，也要注意它可能存在的隱患，隨時防患於未然，以免等情勢發展到不可收拾時，悔之晚矣。

對於管理者而言，裙帶關係有利也有弊，處理得好，它能增加公司的凝聚力，提高員工之間的信任程度；處理得不好，容易滋生特權觀念，產生一批超越公司管理制度的特權階層，讓公司的管理制度失去作用。

怎樣利用好這種關係呢？管理者應該在肯定它的積極意義的同時，制定出公正的管理制度。還要讓員工明白，不論是誰，公司的規章制度不能違反。無論與管理者的關係多好，也不能例外。這樣就能用規章制度來約束裙帶關係，讓它們失去變成特權階層的機會。

就連劉邦這樣的人，在自己的人生末路也會感到裙帶關係難以處理。作爲普通的管理者，更要明白裙帶關係是一種非常微妙的關係。大到一個國家，小到一個企業，在創業初期爲企業出力的人，都是和領頭者關係很近的人。這些人創業成功後，就形成了一個特權階層。如果不能正確地引導和糾正這個階層中的一些錯誤，他們就可能居功自傲，引發出難以解決的矛盾。

中國有句古話：「兔死狗烹，鳥盡弓藏。」出現這種事情的主要原因是，帝王爲了處理好之前和他一起打江山的功臣引發的種種問題，也就是爲了處理好裙帶關係而使用的一種手段。宋太祖趙匡胤說得很好：「當年你們把黃袍披在了我身上，我當了皇帝，如果有一天，你們的部下把黃袍披在了你們身上，你們會怎麼樣呢？你們現在手握重兵，每個都是我的有功之臣，怎麼能讓我不擔心呢？我現在多給你們些錢，你們去買田置地，買些美女，好好地享受天倫之樂去吧。」這就是趙匡胤杯酒釋兵權的故事，可以說是開國君王中，處理裙帶關係最爲成功的一個例子。

只要有社會活動存在，不論君王也好，普通百姓也好，都會有他的裙帶關係存在。這個社會中，只要人和人之間有接觸，只要有情感存在，就不能避免裙帶關係的存在。作爲領導者，怎樣正確地處理裙帶關係，是一門很大的學問。

3 找不到最好的，就找最合適的

公司管理者在找接班人的時候，要找比自己更優秀的，這樣更有利於公司的發展。但在實際操作中，很多公司管理者不一定能找到比自己更優秀的管理者，這個時候怎麼辦？答案：找最合適的。我們來看看劉邦江山的接班人之爭。

對非親生的皇子，呂后下起手來毫不留情，先殺掉趙隱王如意（戚姬之子），後活活餓死趙幽王友，還逼趙王劉恢自殺。

次年十月歲首，楚王劉交、齊王劉肥等前來朝見，呂雉設宴招待。惠帝因齊王是他兄長，不讓他敘君臣之禮，而是按家人禮節，自己坐在齊王下首。呂雉懷恨，便讓人把放有毒藥的酒拿來，給齊王斟上，要他為自己祝壽。惠帝因趙王被害，比過去機警多了，一看呂雉和侍從神色有異，旋將此酒也給自己斟上一杯，說是要同齊王一起給太后祝壽。呂雉慌了，忙起身將兒子手中的酒潑掉，齊王見狀，嚇得不敢飲酒，佯醉告退。

返回齊邸（即齊王在京的行宮）後，劉肥已知剛才差點兒被老太婆毒死，不勝惶恐，唯恐不能活著離開長安。陪他前來朝見的齊國內史（民政官）出主意說：「太后只有皇上和魯元公主這麼一對兒女。如今大王享有七十餘城，公主的食邑只有數城。大王若獻上一郡給公主做湯沐邑，太后心裡一高興，大王也就能消災了。」為了活命，於是齊王上表，自請獻出城陽郡給公主，又請奉公主為齊國王太后，呂雉果然大喜，親自來齊邸為劉肥餞行。魯元公主本來和劉肥是兄妹關係，現在為了活命，竟然要認她做自己的「王太后」，成了自己「母親級」的人物，這可真有點兒天下奇聞了。

脫身返回臨淄後的齊王，羞憤交集，從此稱病，再也不敢去長安。

這以後，呂后又幽殺少帝，立新少帝劉弘，不僅掌握朝政，更掌握皇帝的生殺廢立，實在比真正的皇帝還要專權。因而，《史記》《漢書》都破格為呂后立紀，這在史書上是特例，後世只有武則天享此待遇，連大名鼎鼎的慈禧太后，也未獲獨立執政的名聲。因而，呂雉可謂我國歷史上女主秉政第一人。

呂后還多方鉗制、誅除劉氏諸侯王，並大封呂氏，將軍政大權交與呂氏子侄，幾乎將劉氏的天下變做呂氏的天下。如果不是陳平、周勃等元老功臣猶在，再加上呂氏子侄的能力、氣魄都遠不如呂氏女性，實在不是漢室老臣的對手，劉家的天下真有可能讓呂家撿個大便宜。

漢宮中除了戚姬，還有一位薄姬。然而，呂雉雖然對戚姬的報復如此殘忍狠毒，她對薄姬的態度卻非常公正。這當然是因為薄姬為人小心謹慎，更是因為薄姬和她一樣，沒有得到丈夫劉邦應該給予的善待，除了人生經歷和身分頭銜略有差距，在被丈夫冷淡這方面，呂雉覺得自己與薄姬多少有點兒同病相憐。

不過，也正是「福兮禍所伏，禍兮福所倚」。最受冷遇的薄姬做夢也沒有想到會有自己出頭的那一天。

呂后為了剷除異己，將劉邦的兒子幾乎要殺完了。當呂后黨被陳平、周勃聯手剷除之後，待要推選新的皇帝時，大臣們這才發現，此時劉邦的兒子們，只剩了代王劉恒和淮南王劉長了。讓誰來做皇帝呢？左挑右選，經過謹慎選擇，大臣們選中了劉恒。其中一個重要的原因大概就是因為看中了劉恒的母親薄姬背後沒有顯赫的背景，生不出後宮專權的亂子來。

遠在晉陽與世無爭的代王劉恒竟然時來運轉，天上掉的餡餅竟然砸在了他的腦袋上。爭得頭破血流的人最後什麼也沒有得到，反而把自己的命都賠進去了；而沒有爭鬥的人卻最後得到了。

當人群將他前呼後擁送進未央宮後，他成了大漢王朝的第五任皇帝，也就是後世有名的漢文帝，正是他開創了歷史上有名的「文景之治」。

同樣，在三國時期也有類似的故事：

三國時期，孫策在父親死後經營江東，帶著兵將東征西討，終於打出九郡十八州的領地來。吳郡太守許貢寫信給曹操獻計怎樣對付孫策，但送信人讓孫策手下抓到，孫策見信後殺了許貢。許貢的門客三人為許貢報仇，重傷孫策。孫策尋華佗醫治沒尋到，華佗徒弟替他醫治，告訴他中的箭上有毒，在百日內不可動怒，否則很難治好。但是，孫策性格暴躁，幾次發怒終於讓金瘡迸發，不能醫治。

臨終之時，孫策把弟弟孫權叫到床前，並囑咐張昭等臣子說：「天下方亂，以吳越之眾，三江之固，大可有為。子布等幸善相吾弟。」然後，取印綬給孫權說：「若舉江東之眾，決機於兩陣之間，與天下爭衡，卿不如我；舉賢任能，使各盡力以保江東，我不如卿。卿宜念父兄創業之艱難，善自圖之！」

孫策臨終前對接班人孫權交代的這番話被引為經典，譯成白話就是：帶兵打仗，和天下英雄搶地盤，你沒有我厲害；用好人才，讓他們安心地盡力保全江東，我沒有你厲害。你要念在父親和我創業的艱難上面，好好地管理好江東。後面的事你自己做主吧！說完這番話後，孫策又勸母親吳太夫人：孫權的才能十倍勝過他自己，讓吳太夫人不要擔心。並且說以後大事上遇到不能下決定的，如果是內部的，可以問張昭；如果是來自外部的，就問周瑜。

把各種事情吩咐完了之後，孫策永遠閉上了雙目。隨後即位的孫權，雖然後來也曾數次和曹操交戰，各有勝負，但終不如孫策在世時那般攻無不克，戰無不勝了。

孫策讓孫權做自己的接班人，也是不得已的選擇。雖然孫權會用人，是個守成之主。但當時是亂世，天下英雄紛起。處在那個時代，顯然只會守成是不夠的，如果你不滅掉別人，遲早有一天會被你的對手滅掉。創業難，守業更難。顯然東吳更需要的是孫策這樣的創業之主，可惜的是，孫策找不到比自己更好的接班人。他只好退而求其次，就找個守成的接班人。

當然，孫權坐領江東後，沒有讓孫策失望。他雖然沒有把父兄打下的基業發揚光大，但是，也沒有讓這來之不易的江山在自己手上丟掉。這也是當初孫策選擇他爲接班人的初衷。

並不是所有的公司都像肯德基那樣，能有幾十年的高速發展機會。整個社會的經營環境，有好的時候，也有蕭條的時候。面對蕭條時期，管理者應該學會的就是守成，讓公司在整個大環境變得不利於擴張的時候，能夠做到自保。而在社會條件好的時候，公司管理就都要學會進取，抓住一切機遇讓公司得到發展。

公司管理者的思想高度，決定了公司的發展高度。所以，如果想要公司能夠發展得更好，就必須讓你的下一任管理者能夠有高過你的眼界，以及管理水準。

4 制訂一個詳細的接班人計畫

沒有沉不了的船，沒有垮不了的企業，沒有不變的市場，沒有不老的生命，沒有永遠正確的思想。要想確保企業的「一致性」，企業的經營管理者一定要高度重視接班人的培養。那些優秀的經營管理者之所以在自己卸任以後還能讓企業保持源源不斷的活力，一個重要的原因就是他們非常重視接班人的培養，以確保企業的一致性。

太子之爭，是如何保持劉氏江山「一致性」的爭論，也是後宮裡呂雉和戚夫人之間的一次實力較量。

在這場博弈中，劉邦的本意是偏向戚夫人和趙王劉如意的，但是他中了呂后的計謀，誤認為太子可以擔任繼承劉氏江山的大任，結果廢立之事便不了了之。其實，後來的呂后亂政事件表明，太子劉盈的確不堪託付天下，維護太子的地位是呂雉奪取政權的一個陰謀而已。而且，呂后很高明地利用了群臣的呼聲，在太子廢立的問題上，讓劉邦最終改變主意，這意味著他在與呂后的博弈中，遭遇了慘敗。

綜合分析，在劉邦選擇接班人的過程中，始終貫穿著幾種交叉的矛盾。

一是觀念問題。劉盈是長子、嫡子，立他為太子就是天經地義；劉如意不是長子，又是庶出，當接班人名不正言不順。雖然劉邦在考察中覺得太子「仁弱」「如意類己」，但是敵不過傳統的觀念。

周昌、叔孫通動不動豁命，「誓死捍衛」劉盈當太子的權力，大約就是出於觀念上的原因。

二是派系問題。呂后多年隨軍，和朝臣打了很多交道，有一定的交情，所以「呂派」實力強大。戚姬只是仗著劉邦當後臺，把寶完全壓在一個人身上，雖然有最高領導撐腰，卻未免勢單力孤。

三是心理問題。戚姬的主要後臺是劉邦，其實劉邦硬拍板，誰也無可奈何，但是他始終優柔寡斷，朝臣一碰就「卷刃」了。呂后雖心狠手辣，但當時在人們看來卻好像處於弱勢，從而獲得了許多人的同情。

因爲劉邦在接班人上立場的不堅定，導致了後來漢朝江山的混亂。

太子是國之根本，是保持一個王朝「一致性」的執行人。一個王朝要想繼續傳承下去，必須要高度重視太子的人選，這個人選必須要有廣泛的群眾基礎。如果最高統治者一定要一意孤行，讓沒有群眾基礎、不能深受眾望的人成爲太子人選，這無疑是不利於社稷的穩定的。

同樣的道理，在現代社會，一個企業要想持久地保持自己的競爭力，也必須要高度重視企業的一致性。只有企業的一致性得到了保證，企業才有可能持續、穩定、健康地發展。

5 妥善安置失敗的候選人

劉邦晚年有兩件事最痛苦：一件是廢立太子未能成功，一件是盧綰造反。

如果說其他諸侯造反讓劉邦感到可以理解，但盧綰的造反就讓劉邦想不通了。盧綰和劉邦同年同月同日同鄉里生，從小和劉邦就是好朋友，唯劉邦馬首是瞻，追隨劉邦那麼多年，一直忠心耿耿，劉邦對他也信任有加，按理說，盧綰是不應該造反的。但是，盧綰的的確確造反了。

不僅是劉邦，就是從沛縣一直跟隨他征戰天下的那些死黨們也難以接受盧綰造反的事實。不久，劉邦的病情惡化，傷口不易癒合。

御醫對劉邦病情的判斷非常悲觀，但呂后還是到處訪求良醫。經人介紹，一名治療金瘡頗有名氣的江湖醫生替劉邦診斷後，說劉邦的病還可以治療。

呂后立刻把這個好消息轉告了劉邦。

劉邦卻說：「江湖郎中的話不可信。我以平民身分靠三尺寶劍而取天下，這都是天命啊！如今我天命已盡，就算扁鵲再生也沒有救了！」

於是，劉邦不准這位醫生給他治病，賜金五十斤，讓他走了。

呂后見劉邦心意已決，也不強求，便問：「陛下百歲以後，蕭相國年歲也已大了，他死後，誰可代為相國？」

劉邦說：「可用曹參！」

呂后接著問：「接下來呢？」

劉邦說：「可用王陵，只是這個人比較憨直，可用陳平做其副手。陳平智慧多，但意志力不定，難以單獨負責。周勃個性豎強，厚重少文，為人穩重，可以任命他為太尉。」

呂后再問：「接下來呢？」

劉邦笑著說：「接下來的事，你也不用知道了。」

這是劉邦最後的遺言，這番遺言是非常值得玩味的。後來的歷史事實表明，劉邦的確是位大智若愚的人，不難看出他對每位部屬的觀察和瞭解是多麼到位，這或許就是韓信所說的自己善於帶兵，而劉邦善於帶將的原因所在吧！

劉邦的遺言很值得玩味兒，也非常具有遠見。

在此時，他已經意識到自己死後呂雉必定會掌權，但因爲功臣們尙在，還有劉氏諸侯王中一向看不慣呂雉的那些對頭也不會任其胡作非爲，這兩種人肯定會結成聯盟，共同反對諸呂，天下免不了要出現一番混亂。此時最讓他憂心的是兩件事，一是盧綰的叛亂，二是他死後，愛姬戚夫人和趙王劉如意母子的命運。

不過，這一切他都無力去顧及了，他唯一能做的就是在他死後讓劉漢王朝的天下繼續存在下去。因此，在安排後事時，他挑選了那幾位最可靠、最有資格掌握軍政大權、在關鍵時刻能制約呂雉的肱股之臣；指名讓朝中最值得信任的大臣作爲宰相和太尉的人選，這無疑在政治和軍事上有力地制約了呂雉的狼子野心。

如果你的企業規模不夠大，在安置落選的候選人時就要採取妥善的做法。如果最終的繼任者能力無可厚非，優勢突出，威信也很高，那麼就儘量去撫慰那些失敗的競爭者去輔佐繼任領導人，讓他們成爲一個完美的團隊，再創輝煌。但是，假如這些失敗的競爭者對繼任領導人並不服氣，不認可，無法忠誠的話，那麼，倒不如選擇讓他們離開去尋找自己的廣闊天地。

領導者的血液不能繼承，但從哲學的角度看，領導者的精神靈魂可以繼承。只要認真培養繼任者的精神和思考方式，讓他站在你的肩膀上，同時在積累經驗的過程中形成自己的領導風格，那麼，他將很快成爲你的接班人。當他與你的思維相通，並且能很好地繼承你的精神時，你的團隊便可以獲得穩定發展，你的事業將後繼有人，而這正是你的領導力修煉的終極課程。

從痞子到開國至尊：劉邦傳奇

(原書名：關鍵時刻,劉邦是這麼幹的)

作者：歐陽彥之
發行人：陳曉林
出版所：風雲時代出版股份有限公司
地址：10576台北市民生東路五段178號7樓之3
電話：(02) 2756-0949
傳真：(02) 2765-3799
執行主編：劉宇青
美術設計：吳宗潔
業務總監：張瑋鳳

出版日期：2023年4月 新版一刷
版權授權：馬峰
ISBN：978-626-7153-86-4

風雲書網：http://www.eastbooks.com.tw
官方部落格：http://eastbooks.pixnet.net/blog
Facebook：http://www.facebook.com/h7560949
E-mail：h7560949@ms15.hinet.net
劃撥帳號：12043291
戶名：風雲時代出版股份有限公司

風雲發行所：33373桃園市龜山區公西村2鄰復興街304巷96號
電話：(03) 318-1378
傳真：(03) 318-1378
法律顧問：永然法律事務所 李永然律師
北辰著作權事務所 蕭雄淋律師

行政院新聞局局版台業字第3595號 營利事業統一編號22759935

定價 ：320元

國家圖書館出版品預行編目資料

從痞子到開國至尊：劉邦傳奇 / 歐陽彥之著. -- 臺北市：風雲時代出版股份有限公司, 2023.02 面； 公分

ISBN 978-626-7153-86-4（平裝）
1.CST: 漢高祖 2.CST: 傳記

622.1 111020922